3~6岁儿童
篮球教学指导

U0734559

单曙光／杨通烈／孙燕华 著

人民邮电出版社

北 京

图书在版编目（CIP）数据

3～6岁儿童篮球教学指导 / 单曙光，杨通烈，孙燕华著. -- 北京：人民邮电出版社，2025.4
ISBN 978-7-115-63614-0

Ⅰ.①3… Ⅱ.①单… ②杨… ③孙… Ⅲ.①儿童—篮球运动—教学研究 Ⅳ.①G841.2

中国国家版本馆CIP数据核字(2024)第033536号

免责声明

作者和出版商都已尽可能确保本书技术上的准确性以及合理性，并特别声明，不会承担由于使用本出版物中的材料而遭受的任何损伤所直接或间接产生的与个人或团体相关的一切责任、损失或风险。

内容提要

本书由武汉体育学院教授单曙光老师团队撰写，致力于为一线儿童篮球教练员及体育老师等提供篮球教学的有效参考。本书首先对《3~6岁儿童学习与发展指南》中的篮球训练和儿童身心发展特点进行了解读，在此基础上提供了3~6岁儿童篮球体能训练的基本理念和游戏化训练方法，并分章节分别介绍了3~6岁儿童传接球、投篮、运球、防守等技战术的要求和训练方法，最后提供了3~6岁儿童篮球训练课优秀教案示例。本书适合执教儿童的篮球教练员、体育老师等阅读。

◆ 著　　　　　单曙光　杨通烈　孙燕华
　　责任编辑　林振英
　　责任印制　彭志环
◆ 人民邮电出版社出版发行　　北京市丰台区成寿寺路 11 号
　　邮编　100164　　电子邮件　315@ptpress.com.cn
　　网址　https://www.ptpress.com.cn
　　北京市艺辉印刷有限公司印刷
◆ 开本：700×1000　1/16
　　印张：12.25　　　　　　　　　　2025 年 4 月第 1 版
　　字数：200 千字　　　　　　　　2025 年 4 月北京第 1 次印刷

定价：49.80 元
读者服务热线：(010)81055296　印装质量热线：(010)81055316
反盗版热线：(010)81055315

前言

曙光篮球团队致力于打造中国幼儿及青少年篮球教练员培养体系。本书是"少儿篮球教练员指导手册系列丛书"的分册之一。近年出版的关于幼儿篮球执教的书籍屈指可数，称得上精品的更是少之又少，但出现在你手中的这一本却可谓出类拔萃。本书记录了曙光篮球团队十五年在一线幼儿篮球执教的实践探索和经验总结。任何对幼儿篮球执教感兴趣的人都可以阅读本书，读过本书的人都会对幼儿篮球这项运动有新的认知和感悟。

什么是幼儿篮球？幼儿篮球执教的理念和原则是什么？篮球活动如何促进幼儿成长？如何开展幼儿篮球活动？幼儿篮球活动应该教什么？幼儿篮球体能活动教什么？幼儿篮球技术活动教什么？幼儿篮球活动中应采用什么方法？如何运用该方法？如何与幼儿和老师沟通？如何开展幼儿篮球比赛？如何设计幼儿篮球活动计划？所有的这些问题，都能在本书中找到答案。

本书第 1 章从理论出发，分析幼儿的生理和心理发展特点，总结幼儿参加篮球活动的益处；第 2 章明确幼儿篮球发展的理念，确定幼儿篮球以育人为重点，以兴趣为主导，以比赛为中心的发展方向；第 3 章强调幼儿篮球执教中与球员、老师、家长沟通的重要性，并结合具体的案例讲解与其沟通的方式方法；第 4 章讲述幼儿篮球执教和高效开展篮球活动的方法，结合大量的案例辅佐说明；第 5 章从器材的管理和使用，以及在一些"特殊"情况下开展篮球活动等方面，重点分析幼儿篮球执教中应该关注的细节；第 6 章和第 7 章确定幼儿篮球体能活动和篮球技术活动开展的方向、内容和方法，并通过百余张高清图片详解；第 8 章在幼儿比赛的场地、器材规范、工作人员规范、幼儿比赛的基本规则和基本礼仪方面呈现幼儿篮球比赛的规范；第 9 章通过具体的教案模板、教案案例、教学计划解析如何做好教学计划。

本书是武汉体育学院单曙光博士领衔的曙光篮球团队共同合作的成果，除本书的共同创作者杨通烈、孙燕华外，还要特别感谢张高瑞、姜涵轩、宁恩召、刘洪欢在图书创作过程中提供帮助和支持。书中的图片由杨通烈、刘洪欢和张高瑞拍摄，并由杨通烈处理制作。全书由单曙光博士拟定提纲并统稿。

感谢武汉的蓝天幼儿园、保利和乐安吉拉幼儿园等十余所幼儿园的领导、老师、孩子和家长们对曙光篮球的信任和支持，他们为本书提供了大量的案例。

感谢人民邮电出版社的编辑、校对和对书稿做出贡献的人。此外，编写过程中参考了众多作者的文献资料，再次一并致以诚挚的谢意！

限于编者的水平，疏漏难免，有待于今后不断地完善，也请广大读者批评指正。

杨通烈

2023 年 5 月于武汉

目 录

第5章 细节决定成败——幼儿篮球执教须知

第6章 幼儿篮球体能的基本理念和游戏化活动

第7章 幼儿篮球技术的动作图解和游戏化活动

第8章 幼儿篮球比赛规范

第9章 3~6 岁幼儿篮球活动教案设计的逻辑

第 **1** 章

理论奠定基础
——幼儿身心发展基础知识

第一节 《3~6 岁儿童学习与发展指南》中关于体育活动的相关解读

教育部为深入贯彻《国家中长期教育改革和发展规划纲要（2010~2020 年）》和《国务院关于当前发展学前教育的若干意见》（国发〔2010〕41 号），指导幼儿园和家庭实施科学的保育和教育，促进幼儿身心全面和谐发展，制定《3~6 岁儿童学习与发展指南》（以下简称《指南》）。

《指南》以为幼儿后继学习和终身发展奠定良好素质基础为目标，以促进幼儿体、智、德、美各方面的协调发展为核心，从健康、语言、社会、科学、艺术五个领域描述幼儿的学习与发展。实施《指南》应把握：①关注幼儿学习与发展的整体性；②尊重幼儿发展的个体差异；③理解幼儿的学习方式和特点；④重视幼儿的学习品质。

健康领域强调发育良好的身体、愉快的情绪、强健的体质、协调的动作、良好的生活习惯和基本生活能力是幼儿身心健康的重要标志，也是其他领域学习与发展的基础。下面针对《指南》中的健康领域进行解读。

健康领域解读

健康是指人在身体、心理和社会适应方面的良好状态。幼儿阶段发育良好的身体、愉快的情绪、强健的体质、协调的动作、良好的生活习惯和基本生活能力是幼儿身心健康的重要标志，也是其他领域学习与发展的基础[1]。

一、身心状况

目标：具有一定的适应能力，见图 1.1.1。

---

[1]《3~6 岁儿童学习与发展指南》。

3~4 岁

1. 能在较热或较冷的户外环境中活动。
2. 换新环境时情绪能较快稳定，睡眠、饮食基本正常。
3. 在帮助下能较快适应集体生活。

4~5 岁

1. 能在较热或较冷的户外环境中连续活动半小时左右。
2. 换新环境时较少出现身体不适。
3. 能较快适应人际环境中发生的变化。例如换了新老师能较快适应。

5~6 岁

1. 能在较热或较冷的户外环境中连续活动半小时以上。
2. 天气变化时较少感冒，能适应车、船等交通工具造成的轻微颠簸。
3. 能较快融入新的人际关系环境。例如换了新的幼儿园或班级能尽快适应。

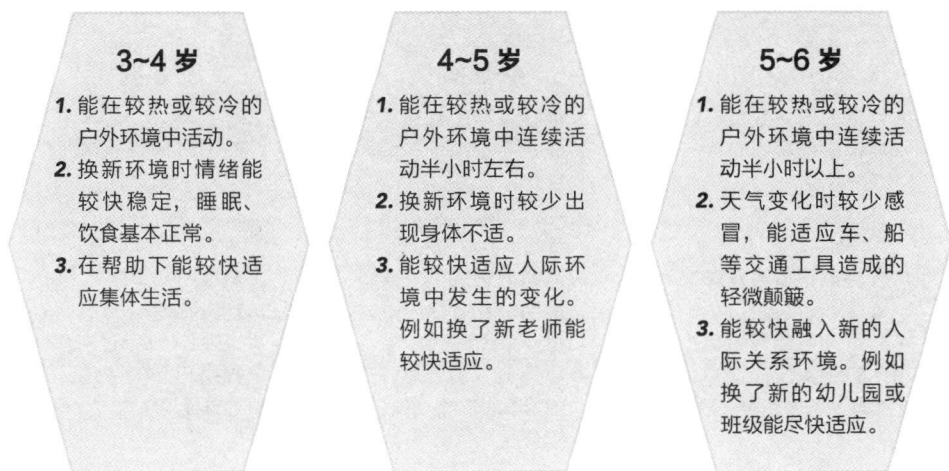

图 1.1.1　幼儿身心状况目标（适应能力）

教育建议

《指南》提出"幼儿每天的户外活动时间一般不少于 2 小时，其中体育活动时间不少于 1 小时，季节交替时要坚持"的教育建议，国内大多数幼儿园则将"不少于 2 小时"理解为 2 小时户外活动时间安排的标准，只是做到了及格或达标而已，能做到 2 小时已属不易，更不要说超出 2 小时甚至更多的时间安排。而"不少于 2 小时"应理解为户外活动时间安排的及格线，并非良好及优秀的时间量。文件中的规定明确了户外活动时间的最低限度，允许并鼓励幼儿园给予幼儿更多的户外活动时间。篮球运动作为一项集体性、综合性的运动，简易而有趣，可以因人、因地、因时、因需而异，也可以变换各种方式组织丰富多彩的活动，参与方便且容易吸引孩子们参与，达到娱乐身心、健身强体、丰富生活的目的。篮球运动作为最受欢迎的户外运动之一，也必然深受孩子们的喜爱。

户外活动带给孩子们的意义和价值绝不仅局限于身体的发展，而是有着更全面、更深层次的发展价值。从户外活动时间的安排开始，不再墨守成规，敢于突破原有的定势思维限制，逐步地想清楚、做清楚幼儿的户外活动，给孩子们一个真正快乐的童年生活。

二、动作发展

目标 1：具有一定的平衡能力，动作协调、灵敏，见图 1.1.2。

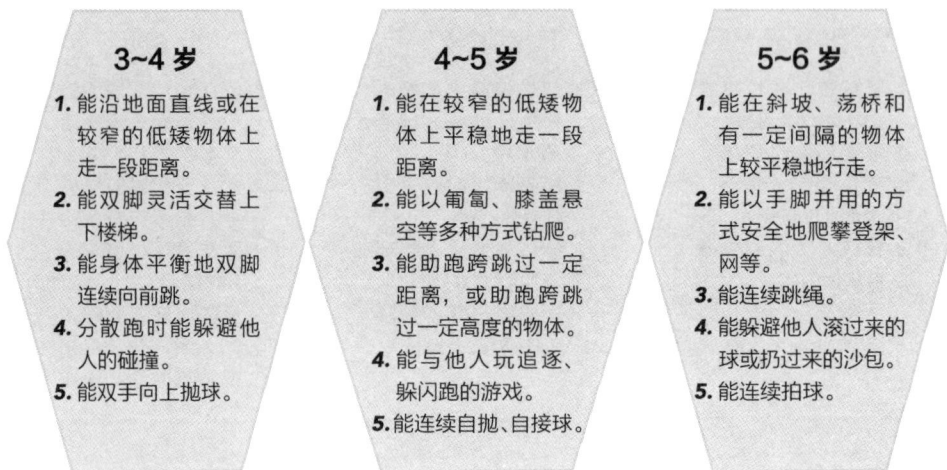

3~4岁

1. 能沿地面直线或在较窄的低矮物体上走一段距离。
2. 能双脚灵活交替上下楼梯。
3. 能身体平衡地双脚连续向前跳。
4. 分散跑时能躲避他人的碰撞。
5. 能双手向上抛球。

4~5岁

1. 能在较窄的低矮物体上平稳地走一段距离。
2. 能以匍匐、膝盖悬空等多种方式钻爬。
3. 能助跑跨跳过一定距离，或助跑跨跳过一定高度的物体。
4. 能与他人玩追逐、躲闪跑的游戏。
5. 能连续自抛、自接球。

5~6岁

1. 能在斜坡、荡桥和有一定间隔的物体上较平稳地行走。
2. 能以手脚并用的方式安全地爬攀登架、网等。
3. 能连续跳绳。
4. 能躲避他人滚过来的球或扔过来的沙包。
5. 能连续拍球。

图 1.1.2　幼儿动作发展目标（平衡能力）

教育建议

1. 发展幼儿动作的协调性和灵活性。

①鼓励幼儿进行跑跳、钻爬、攀登、投掷、拍球等活动。

②玩跳竹竿、滚铁环等传统体育游戏。

2. 对于拍球、跳绳等技能性活动，不要过于要求数量，更不能机械训练。

篮球运动不仅可以促进幼儿左右脑平衡发展，增强他们的意志力，而且还可以提高幼儿的观察力、判断力和反应能力，提高身体灵活度等。同时，《指南》也强调"对于拍球、跳绳等技能性活动，不要过于要求数量，更不能机械训练"。近年来篮球操的过度盛行，迫使幼儿花费大量的时间和精力去机械地重复单一的节奏和动作，对此教育部门也明令禁止。曙光教练从篮球比赛的角度来设计幼儿篮球游戏化课程，用有趣兼具合作性和竞争性的篮球游戏来教授幼儿比赛相关的技能，灌输篮球的规则。从而增强幼儿的身体运动能力，让他们爱上篮球、爱上比赛。

目标 2：具有一定的力量和耐力，见图 1.1.3。

3~4 岁

1. 能双手抓杠悬空吊起 10 秒左右。
2. 能单手将沙包向前投掷 2 米左右。
3. 能单脚连续向前跳 2 米左右。
4. 能快跑 15 米左右。
5. 能连续行走 1 公里左右（途中可适当停歇）。

4~5 岁

1. 能单手抓住悬空吊起 15 秒左右。
2. 能单手将沙包向前投掷 4 米左右。
3. 能单脚连续向前跳 5 米左右。
4. 能快跑 20 米左右。
5. 能连续行走 1.5 公里左右（途中可适当休息）。

5~6 岁

1. 能双手抓杠悬空吊起 20 秒左右。
2. 能单手将沙包向前投掷 5 米左右。
3. 能单脚连续向前跳 8 米左右。
4. 能快跑 25 米左右。
5. 能连续行走 1.5 公里以上（途中可适当休息）。

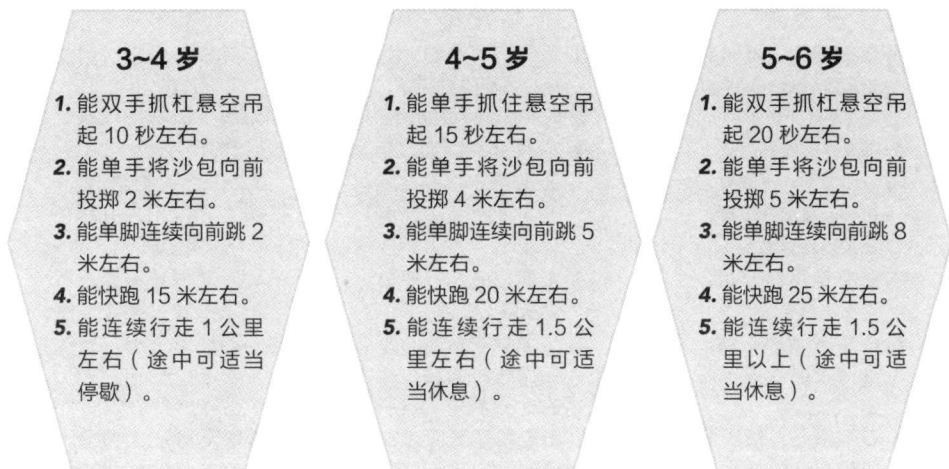

图 1.1.3　幼儿动作发展目标（力量和耐力）

教育建议

开展丰富多样、适合幼儿年龄特点的各种身体活动，例如走、跑、跳、攀、爬等，鼓励幼儿坚持下来。

篮球运动本身具有攻防转换的特点，为幼儿心肺能力的锻炼提供了特有的条件。曙光团队自主研发的幼儿篮球游戏化课程以建立基本的动作模式为基础，培养正确的走、跑、跳、蹲等动作模式，并将这些基本动作模式的学习通过有趣的游戏、夸张的示范和生动的讲解融入篮球活动中，使幼儿在"玩中学，学中乐，乐中成长"。同时，曙光教练在篮球活动中非常重视鼓励的力量，因为鼓励能传递我们对孩子内心的关注、肯定和信任，会使他们产生巨大的满足感，这种满足感会转化成持续长久的动力。

三、生活习惯与生活能力

目标：具有良好的生活与卫生习惯，见图 1.1.4。

3~4 岁

1. 在提醒下，按时睡觉和起床，并能坚持午睡。
2. 喜欢参加体育活动。
3. 在引导下，不偏食、挑食。喜欢吃瓜果、蔬菜等新鲜食品。
4. 愿意饮用白开水，不贪喝饮料。
5. 不用脏手揉眼睛，连续看电视等不超过 15 分钟。
6. 在提醒下，每天早晚刷牙，饭前便后洗手。

4~5 岁

1. 每天按时睡觉和起床，并能坚持午睡。
2. 喜欢参加体育活动。
3. 不偏食、挑食。不暴饮暴食。喜欢吃瓜果、蔬菜等新鲜食品。
4. 常喝白开水，不贪喝饮料。
5. 知道保护眼睛，不在光线过强或过暗的地方看书，连续看电视等不超过 20 分钟。
6. 每天早晚刷牙，饭前便后洗手，方法基本正确。

4~5 岁

1. 养成每天按时睡觉和起床的习惯。
2. 能主动参加体育活动。
3. 吃东西时细嚼慢咽。
4. 主动饮用白开水，不贪喝饮料。
5. 主动保护眼睛，不在光线过强或过暗的地方看书，连续看电视等不超过 30 分钟。
6. 每天早晚主动刷牙，饭前便后主动洗手，方法基本正确。

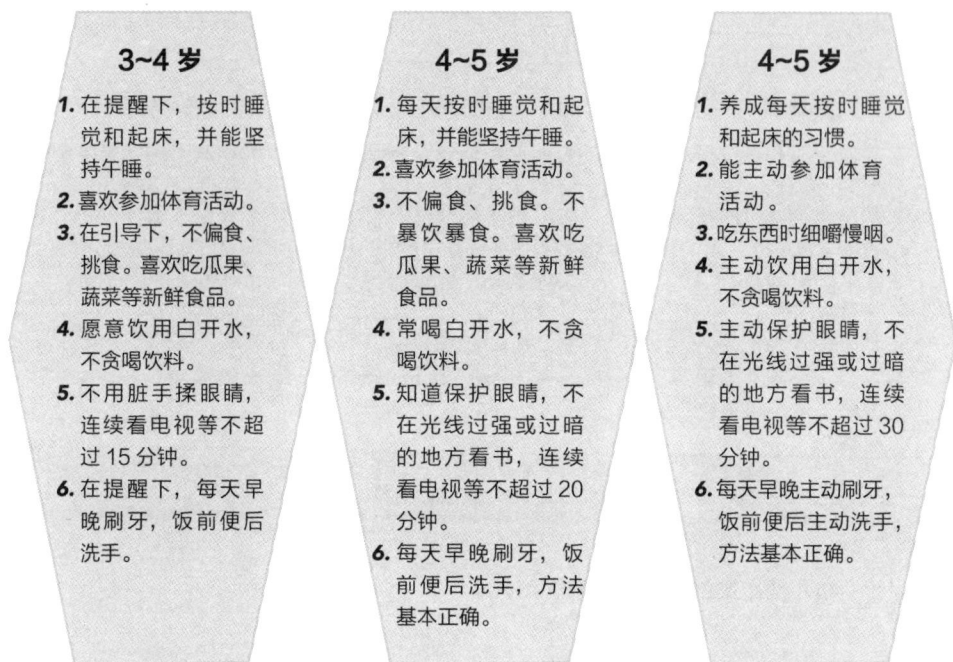

图 1.1.4   幼儿生活习惯与生活能力目标

教育建议

激发幼儿参加体育活动的兴趣，养成锻炼的习惯。

①为幼儿准备多种体育活动器材，鼓励他们选择自己喜欢的器材进行活动。

②经常和幼儿一起在户外运动、做游戏，鼓励幼儿和同伴一起开展体育活动。

③和幼儿一起观看体育比赛或有关体育赛事的电视节目，培养他们对体育活动的兴趣。

篮球作为一项多人参与的团队运动，为孩子们一起开展体育活动创造了良好的条件。曙光教练在篮球理论课中精心为幼儿设计了适合他们理解能力的篮球文化、篮球规则和篮球技能的理论课件，在教练有趣的语言引导下吸收、消化这些知识，从而向他们传递篮球文化，培养其运动兴趣。

第二节 篮球活动助力幼儿成长

1 幼儿篮球活动的基本原则

幼儿篮球活动的基本原则是指根据活动目的和对活动过程规律的认识而制定指导活动的基本准则。科学合理的活动原则能为幼儿营造一个安全、舒适的活动环境，有效提高活动的效率和质量。因此，曙光教练总结了在幼儿篮球活动中需遵循的五个基本原则：安全性原则、趣味性原则、循序渐进原则、多样性原则、STEP 原则。

一、安全性原则

健康运动，安全第一。幼儿的自我运动保护意识差，自我运动保护能力不够完善，因此，安全性是幼儿篮球活动中首要考虑的原则。从活动前的设计、场地布置和前往场地的途中，到活动中的内容、强度的把控、动作的循序渐进和临场反应，再到活动后的放松整理、送幼儿回班级和更换隔汗巾、衣物等，都需要把安全放在首位。安全是开展篮球活动的基础，是一个合格的篮球教练必备的基本意识和能力。

二、趣味性原则

在安全的基础上，趣味性是幼儿参加运动的主要动机之一。曙光幼儿篮球游戏化课程设计将趣味性作为首要遵循的要素。早期幼儿参与体育活动以体验运动带来的乐趣为主，并且参加体育运动能帮助他们结交有共同兴趣的朋友，通过参与体育活动来融入某个特定运动项目的集体，从而让他们体会到一种"荣誉归属感"。因此，教练需要通过精心的活动设计、幽默的语言艺术、夸张的肢体语言、有趣的篮球游戏和及时的鼓励反馈，让幼儿感受到篮球的乐趣。

三、循序渐进原则

从幼儿身心发展的特殊性和活动设计的系统性出发，幼儿篮球活动应遵循循序渐进的原则。幼儿的生理特点决定了他们以中、小强度的运动为主，持续时间不宜过长，组织形式不宜过于复杂，避免对身体发育造成不利影响。应使幼儿处于一个相对愉快和活跃的运动状态，活动设计由简到繁，运动强度由小到大，动作速率由慢到快等，循序渐进是篮球活动设计遵循的基本逻辑和原则。只有在科学、适度的原则下运动，才能有效起到促进幼儿身心健康发展的作用。

四、多样性原则

幼儿具有活泼好动、注意力集中时间短和好奇心强的特点，要求篮球活动设计不能单调枯燥，持续时间不宜过长。无论是活动目的、活动方法还是动作设计、组织形式或是活动手段、反馈形式等，都要遵循多样性的原则。多样性原则不仅可以保持幼儿运动的基本兴趣，也可以从不同的角度来锻炼幼儿的基本运动能力，更好地达到幼儿参与运动的要求和目标，使他们得到全面的锻炼，从而促进身心健康的和谐发展。

五、STEP 原则

（一）空间（Space）：如何因地制宜地开展训练活动

训练空间会受天气和人为因素的影响，可能是一片球场、一间教室、一条走廊或一个大厅。如何因地制宜并安全地开展篮球活动是关键。例如在大厅开展篮球活动，涉及流动的人员、障碍物、场地材质、器材使用等，要考虑好如何规避风险并安全地开展篮球活动。

要素：活动场地面积大小变化；活动距离长短变化；活动方向前后左右变化；活动层面高低变化。

（二）任务（Task）：准备开展什么活动内容

活动目标的确立决定了一节课的导向，幼儿的注意力集中时间短，易被外界环境吸引。确定了目标后要准备多种方法来实现此目标。

要素：活动目标需求的改变；活动规则的改变；重复任务次数的改变；活动线路的改变；执行任务难度、动作路径及完成任务时间长短的改变。

（三）器材或教具（Equipment）：准备使用什么器材开展活动

五颜六色的器具能很好地吸引孩子们的眼球，但合理、有效率地利用器具能更顺畅地完成一堂训练课。

要素：教具或器材的大小尺寸变化；教具或器材的数量、重量、颜色、形状等变化；器材的摆放位置关系变化。

（四）人物关系（People）：准备让谁及什么角色参与篮球活动

在活动中加入人物关系很多时候会起到意想不到的效果。

要素：独立完成活动；与同伴完成活动；作为领导者完成活动；作为执行者完成活动；小群组完成活动；教练和孩子共同参与完成活动。在幼儿阶段，更推崇教练和孩子共同参与完成活动，脱离教练的角色，成为一名"大哥哥"，带着孩子们玩转篮球。

2　3~6 岁幼儿生理、心理发展特点

深刻认识幼儿的生理、心理发展特征是一名合格的幼儿篮球教练必备的基础理论知识。只有这样做，才能更加科学、系统地规划和安排幼儿篮球活动，有效地促进幼儿身心健康发展。

一、生理发展特点

（一）身高与体重

3~6 岁幼儿每年的身高会增长 5~7cm，体重大约增加 3kg，遵循着"从头到尾""从躯干到四肢"的成长原则，具体表现为身躯和手脚变长，身体比例稳定地向成人形态发展。

（二）骨骼与肌肉

1. 骨骼

幼儿的骨骼由骨和软骨组成，软骨多且骨质柔软，软骨不断骨化成长，钙盐沉积，一般在 10~13 岁完成骨化过程。幼儿的骨骼成分与成人不同，幼儿骨组织中的水分和有机物质（骨胶原等）多而无机盐（磷酸钙，碳酸钙）少，全身骨骼都比较短小，承压力弱，所以幼儿的骨骼富有弹性、硬度小、容易变形。此外，幼儿骨膜较厚，血管较多，血液供给丰富，因此幼儿骨骼受伤后的愈合速度比成人快。

适当的体力负荷运动有利于骨骼的生长，但过量的运动负荷或持续剧烈的震动重压，则可能会引起骨化过程过早完成及骨质损伤而影响身高的增长和身体发育，同时也可能引发骨骼分离等现象。在运动过程中，正确的发力方式和良好的姿势是至关重要的。负重、静力性体能活动要慎用（例如，平板支撑会对孩子未发育完全的脏器产生过大负压），负荷量要科学安排，多进行动力性活动。

2. 肌肉

幼儿肌肉发育具有大肌肉群发育早、小肌肉群发育晚的特点，其动作发展也具有方向性和顺序性。从上到下，先是头，其次是躯干，最后是脚；由近及远，动作发展从身体中部开始，而远离身体中心的肢端动作发展较迟；由粗到细，先学会大肌肉大幅度的粗大动作，再学会小肌肉的精细动作。幼儿的肌肉纤维不够粗，而且肌肉组织的韧性强度不够，因此，其肌肉力量不强且肌肉的整体协调性也不够好，耐力自然也不强，容易产生疲劳和损伤。因此，在幼儿阶段不能进行一些大力量或太过于复杂的动作，同时要控制好锻炼时间，肌肉持续发力的时间不宜过长。

3. 关节

幼儿的关节软骨较厚，关节囊、韧带的伸展性大，关节周围的肌肉细长，因此其关节活动范围大于成人。幼儿关节相对比较松弛、灵活性好，但是稳定性和固定性差，在外力的作用下容易脱位，易受伤害。

（三）大脑

1. 脑组织

幼儿的大脑体积和重量和成年人的差距不是很大，5岁时便可达到成人脑重量的90%。

2. 脑机能

幼儿的兴奋和抑制机能会不断增强，但两者之间不平衡，兴奋大于抑制，条件反射建立得快，大脑皮层的细胞机能非常容易兴奋，自我调节性较差。幼儿很容易兴奋同时也很容易疲倦，难以长时间集中精力。因此在讲解时不能长篇大论，在组织时避免排队时间过长，在动作设计时规避一些需要长时间集中注意力的动作。

3. 神经系统

3~4岁的幼儿神经系统发展缓慢，但到6岁时神经系统已达到成人的90%，此后到20岁补充剩余的10%，见图1.2.1。

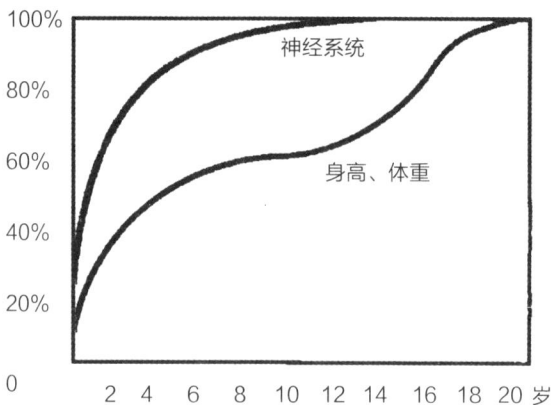

图1.2.1　斯卡门的成长曲线

（四）运动机能

1. 粗大动作的发展特点

4~5岁幼儿动作发展更加完善，质量明显提高，既能灵活操作，又能坚持较长时间。5~6岁幼儿动作灵活性、控制能力明显增强。平衡能力增强，可以做一些比较复杂的技巧性动作，见表 1-2-1。

表 1-2-1　粗大动作发展概况

年龄段	走	跑	跳	钻爬	投掷	攀登
3~4 岁	自然走	平稳跑	双脚跳	手脚爬	双手投	上台阶
4~5 岁	轻轻走	往返跑	侧向跳	匍匐爬	单手肩上投	上攀登架
5~6 岁	随意走	协同跑	跨跳与单脚跳	侧身爬	单手低手侧投	爬软梯

2. 精细动作的发展特点

3~4 岁：手部小肌肉有较大的发展，手部动作逐步精细化。

4~5 岁：手指动作比较灵活，能熟练地完成一些精细动作。

5~6 岁：手指更加灵活，能完成一些复杂精细的动作。

二、幼儿心理发展特点

儿童心理发展的敏感期（或关键期）是指某一特定年龄时期，儿童对某种知识或行为十分敏感，学习起来非常容易，见表 1-2-2。

表 1-2-2　幼儿心理发展各年龄段发展内容

年龄段	发展内容
3 岁	幼儿开始学习自我约束，建立规则意识的关键期（自我认知智能）
3.5 岁	幼儿动手能力发展成熟的关键期（身体运动智能），是幼儿独立性、注意力发展，初级观察能力形成的关键期，也是培养孩子独立行为、抗挫能力的重要期
4 岁	幼儿学习识字、外语口语的关键期（语言智能），是促进孩子自信心发展的重要时期
4.5 岁	幼儿对知识学习产生直接兴趣的关键期。4~5 岁，是孩子情感独立性发展的重要时期
5~5.5 岁	幼儿学习与生活观念开始掌握，进行抽象运算的关键期。5 岁半左右，是幼儿抽象逻辑思维、悟性开始萌芽的关键期，也是幼儿学习心态、习惯和成就感产生的关键期

（一）认知发展特点

1. 注意力方面

3~4 岁幼儿注意力高度集中的时间约为 10 分钟，5~6 岁约为 15 分钟。色彩鲜明、生动形象的事物能引起幼儿的注意，其注意力也随兴趣转移。这一时期幼儿的无意注意力有了进一步发展，有意注意力刚刚开始萌芽，有意注意力的发展使幼儿开始能服从成人提出的活动任务。

2. 记忆力方面

无意识记忆占主导地位，有意识记忆刚刚萌芽，但还是很难很好地记住成人委托的事情，最容易记住的还是印象强烈和形象生动的事情，容易运用机械记忆，以形象记忆为主。这也是幼儿阶段活动讲述要更加形象、生动（包括植入情景式）的原因。

3. 思维发展方面

思维开始产生，但思维仍然以自我为中心。思维特点是幼儿的直觉行动性，思维是在动作中进行的。直觉思维和具体形象思维开始形成。求知欲望强，好奇心强。

（二）社会性发展特点

1. 自我意识方面

自我评价能力发展，从依靠成人的评价发展到开始有独立的评价。自我控制能力提高，包括运动抑制、情绪抑制、认知活动抑制和延迟满足。

2. 亲社会行为方面

亲社会行为是指对他人有利的积极行为趋向，表现为分享、合作、帮助等。亲社会行为是儿童良好个性品德形成的基础，是增强集体意识、建立良好人际关系、形成助人为乐等优秀品质的重要条件。4~6 岁幼儿的分享和助人行为次数不断增多；5~6 岁幼儿合作意识增强。

（三）情绪、情感发展特点

情绪体验非常丰富，情绪变化快，而且容易表现在外显行为上。焦虑和恐惧是此阶段的不良情绪体验，在受到批评和伤害后会出现明显的焦虑反应。高级情绪活动（例如同情心、孤独感、荣誉感、合作精神）进一步发展。

3 幼儿参加篮球活动的益处

苏霍姆林斯基说："我们力求使学生深信，经常的体育锻炼不仅能发展身体的美和动作的和谐，而且能形成人的性格，锻炼意志力。"体育活动对孩子的成长和发展是至关重要的。以篮球为首的团队运动对幼儿的身体、心理和社会交往等方面的促进作用更是不可估量的。参加篮球活动不仅是孩子们保持活力的一种有趣的方式，还可以帮助他们建立友谊，学会在团队中合作，并提供一个释放能量的途径。从幼儿、青少年到中年，社交技能和运动技能是日常生活中必不可少的一部分，而篮球运动可以让孩子们在一个安全的环境中，在成长早期学习这些技能。

一、身体方面

（一）促进骨骼和肌肉的发育

篮球运动是一项涉及全身锻炼的综合性项目，可以很好地锻炼身体，促进手臂、大腿和小腿等部位的肌肉发育，促进骨骼的发育。

（二）提高敏捷性和反应能力

篮球运动是一项快速和动态的运动，能有效发展幼儿的敏捷和反应能力。因为篮球比赛的方向随时都可能改变，所以他们也必须快速适应这些变化。

（三）增强耐力

篮球快速地从球场的一边转移到另一边，幼儿也以同样的速度移动，这能刺激他们的心血管系统，提高身体心肺耐力。

（四）发展协调性

篮球比赛需要同时关注几件不同的事情，除了专注于正在做的事情，还需要不断地观察其他球员，这能促进手眼和身体的协调。

（五）促进身高的增长

虽然每个人的身高都是由自然基因决定的，但像篮球这样的运动有助于身高的增长。科学研究表明，在进行篮球运动时，主要的身体动作、动作频率和跳跃动作有促进身高增长的作用。

二、心理方面

（一）决策能力

篮球比赛的快节奏促使孩子们需要快速决策，他们将学会评估可能出现的情况和问题，最快地找到最好的解决方案，篮球运动给孩子们提供了决策的机会，并且培养了抽象和具体的思维。

（二）创造性培养

篮球运动是一种策略游戏，在比赛中，孩子们将学习如何战略性地对待他们的比赛，会努力想出解决问题的策略，这能提高他们解决问题的能力，培养创造性。

（三）抗挫能力

通过篮球比赛的输赢，孩子们将学会什么是良好的体育精神，以及如何尊重对手。在他们的生活中，他们必须与他人竞争，参加团队运动可以让孩子们理解谦卑的重要性。

（四）增强自尊

参与体育运动对孩子的性格建设是至关重要的，可以极大地增强他们的自尊心。篮球项目应强调享受篮球活动过程带来的乐趣，而不是让孩子们的自尊因输赢或得分而有所影响。

（五）增强信心

提高技能水平，有助于孩子们在球场上对自己的能力有自信。自信会随着他们对球和比赛策略的控制而大大提高，这将反映在他们的整体性格上。

（六）提高专注度

把球投进篮筐需要高度的专注力和极高的准确性，这需要通过大量的练习来实现。建立目标和专注执行是一项终身技能，孩子们会从中受益。

三、社会交往方面

（一）提高自主性

孩子们会觉得自己是团队的一部分，这将帮助他们学会融入社会。

（二）增强规则意识

就像遵守其他运动的规则一样，篮球活动规则也必须遵守。如果不遵守，就会受到规则的判罚，这是让孩子们明白遵守规则重要性的一个很好的方式。

（三）团队合作精神

篮球运动为孩子们创造了与人互动、相互合作、共同思考获胜策略的机会。

（四）帮助结交新朋友

我们经常会听到孩子说"我没有朋友"，这种情况经常发生在孩子拒绝走出家门、不参与户外活动的时候。篮球运动每队至少需要 5 名队员，这将自动确保孩子们在这一过程中能够很好地建立社交。

（五）沟通能力

篮球可以教会孩子们沟通的重要性，倾听彼此的观点和团队合作的有效性。

（六）良好的体育精神

这是一项至关重要的技能，在场上和场下都能体现出来，球员们被教导每场比赛后都要和对手及裁判握手，为自己的表现负责，为团队的表现负责，而不是只会责怪别人。

第 **2** 章

理念指明方向
——幼儿篮球执教原则

第一节　以育人为重点

1 育人主导下把握时机

中国古语说："三岁看老，七岁定终身。"究其原因是孩子从出生到3岁时期，逐渐开始接触各种各样的事物，会聆听和模仿周围的声音和动作。3~7岁时期，孩子的模仿特性会更加显著。孩子周围人的行为会被孩子学习并成为他们的第一行动方法，也就得出7岁时可以看出孩子长大后的品德。后经过专家学者对幼儿成长阶段的研究及其心理学的发展，逐渐验证了这句话的道理。

美国生物学家莉丝·埃利奥特博士的研究也表明，幼儿时期是大脑生理发展的黄金时期，一个成年人脑重约为1400克，其4岁时约为1000克，8岁时约为1300克。因此，幼儿阶段是大脑飞速发育的时期，在此阶段对幼儿进行育人教育至关重要，对他们今后的发展起着积极的促进作用。

2 育人主导下掌握方法

幼儿时期是人成长的起步阶段，是行为习惯养成的关键时期。幼儿时期的育人教育，对于孩子来说不仅是学习专业技能，还是培养兴趣、启迪智慧、塑造灵魂、形成美好品格的教育。

幼儿时期孩子的个性品质处于萌芽阶段并逐渐成形，这一时期幼儿的可塑性强，自我评价意识尚未建立，往往以家长、老师的评价来评价自己。在这个时期对孩子使用恰当的方法施以正确的引导，对其形成良好的个性、品格及其一生的发展都有着重要的积极影响。相反，若在这个时期引导不得当，形成一些不好的个性品质或行为习惯，以后就很难纠正。

因此，我们在篮球活动中运用的教学方法和执教原则以养成良好习惯作为基础（将在第4章具体讲述）。正如我国著名教育家叶圣陶先生所说："教育就是习惯的培养。"而恰当的方法是形成好习惯的重要因素之一。

第二节　以兴趣为主导

1 兴趣是幼儿成长的最好老师

兴趣是人认识某种事物或参与某种活动的心理倾向，它是以认识和探索外界事物的需要为基础的，是推动人认识事物、探索真理的重要动机。人的兴趣与积极情感相联系，培养良好的兴趣和爱好是推动人努力学习、积极工作的有效途径。

研究表明，早期婴儿对外界新异刺激的反应是由兴趣这种内在动机驱策的身体运动。兴趣支持着感觉与运动之间的协调和运动技能的发展，为生长和发育打下基础；缺乏兴趣会导致严重的智力迟钝或冷漠无情。良好的兴趣对人的成长和发展主要体现在三个方面：第一，对未来活动的准备作用；第二，对进行的活动起推动作用；第三，对活动创造性态度的促进作用。

首先，开展有趣的篮球活动，培养幼儿的直接兴趣。在篮球活动中通过各种带有趣味性、合作性和竞争性的小游戏或比赛来激发他们参加篮球活动的兴趣。其次，帮助他们明确各项练习的目的、意义，培养他们的间接兴趣，例如进行力量训练可以帮助他们将球投得更高、传得更远，进行反应、灵敏训练可以帮助他们摆脱防守、更快抢到球等。最后，善用鼓励的方式，多提建设性的建议。

2 兴趣是幼儿发展的主要方向

幼儿、儿童、青少年处在不同的发展阶段，其主要的发展方向也是有区别的。进行阶段划分是为了帮助教练员对教学活动进行科学的规划，并在教授运动技巧、篮球技能、身体发展、心理认知等方面与篮球运动员的培养模式结合起来。教学内容与方法选择都需抓住各个阶段的重点，让孩子在各阶段都能感受到不同重点内容的学习体验。下面是各个年龄段的孩子学习篮球的重点内容与要求，每个年龄阶段都会有一个核心内容。

约翰·瑞迪教授在《运动改变大脑》中把体育运动训练归类为四个阶段。

① Fun 有趣——学龄前儿童，小学一年级和二年级。

② Play 游戏——小学三年级、四年级和五年级。

③ Train 训练——初中一年级、二年级和三年级。

④ Elite 高水平——高中一年级、二年级和三年级。

约翰·瑞迪教授还把少年儿童参与运动的动机和兴趣归类为五种。

① Fun——早期运动以参与体验运动所带来的乐趣为主。

② Friends——通过参加体育活动可以结交有共同兴趣的朋友。

③ Fits In——通过参与体育活动来融入某个特定运动项目的集体，从而能让参与者体会到"荣誉归属感"。

④ Feels Good——享受参加体育活动的过程。

⑤ Good at It——体育活动参与者对某个特定运动项目的优势和天赋。

由此可见，幼儿阶段篮球活动的重点是培养小球员的兴趣，利用趣味游戏的方式让小球员学习基本的身体活动和篮球技术。幼儿阶段的体育活动必须是有趣的、积极的，积极、有趣的游戏是幼儿主动参与活动的内在动力。此阶段的篮球活动应该以培养幼儿的兴趣为主要发展方向。

第三节　以比赛为中心

1 篮球比赛的性质

一场酣畅淋漓的篮球比赛是检验幼儿能力和素质的"试金石"，比赛在幼儿的篮球活动中是不可或缺的。通常我们在欣赏篮球时是以欣赏篮球比赛为目的，而非某个篮球技术。

谈到篮球比赛，就不得不谈与之存在天壤之别的篮球操表演。之所以会出现篮球操，是因为篮球逐渐走向商业化模式，幼儿也被卷入其中以博取众人的眼球。近年来，篮球操似乎"渐行渐偏"，部分幼儿园或幼儿篮球培训机构为迎接节日或招生而迫切地希望组建一支篮球操表演队。此外，幼儿篮球操表演入驻商演，沦为"赚钱工具"。孩子为了熟练掌握篮球表演所需的技能，需要每天花费大量的时间和精力来机械化地重复相同的动作，使原本充满趣味性与竞争性的篮球比赛变成了乏味的操练。篮球和音乐的结合让表演整齐划一，但也使孩子养成了错误的习惯，要知道篮球从来都不是整齐划一的节奏运动。

2020 年，教育部明确提出禁止球操类等形式化表演，我们更应秉承教育部"教会、勤练、常赛"六字方针和"校园体育竞赛是学校体育工作的核心"的指导思想，在幼儿阶段抓好兴趣培养，打好篮球基础。

2 篮球比赛的手段

法国著名哲学家帕斯卡说："所有的人都以快乐幸福作为他们的目的，无一例外。不论他们所使用的方法是如何不同，大家都在朝着同一目标前进。"组织篮球活动或比赛也是同样的道理，但组织不同年龄阶段的篮球活动需要考虑到孩子们的期待是不同的。

幼儿阶段的篮球比赛与青少年、成人比赛是截然不同的。幼儿篮球活动应是多样且充满趣味性的，而不仅仅是标准化比赛。这需要教练转换思维、多思考，设身处地为幼儿打造享受篮球运动的情境。通常可利用一个道具的多种使用方式来设置比赛等，例如在篮球场中间放置若干个网球，把网球拿到篮筐下即得一分，或利用篮球比赛中的转换进攻设置竞争性比赛。组织篮球比赛需要将幼儿的身体和心理发展特点相结合，启蒙阶段的比赛通常以趣味性为主导，淡化对抗性和输赢；技术提升阶段则需要增强对抗性，使小球员们在比赛情境中运用篮球技术。

启蒙阶段应依据小球员的实际情况制定比赛规则。此阶段可以淡化一些技术性较强的比赛规则，例如，初级阶段为了培养攻守意识，可以设计橄榄球式的比赛，当小球员具备一定运球和传球能力时，则需严格执行篮球的相应规则；也可以设定不运球的比赛规则，锻炼小球员之间传球的能力。采用淡化某些规则的手段，一是为了提高小球员们比赛的参与感，二是为了培养小球员们正确的比赛习惯。

在小球员技术能力提升阶段，篮球比赛的手段又有所不同，此阶段采用的手段的目的是更快地提升小球员的技术和其对比赛的理解。此时可以增加比赛难度，例如，通过制定每个球员至少接到一次球才可以得分的规则，来解决小球员在比赛中传球的问题。当然，为了培养小球员对技术动作和比赛的理解，可以让在场下休息的小球员们观察并大声讲出球场上小球员的走步违例和二次运球。

采用这类手段不仅可以使小球员们更好地记住技术要领和比赛规则，还能帮助小球员们学会思考。同时小球员之间的相互提醒往往比教练独自教授更能让小球员们印象深刻。另外，这些手段可以调控比赛的难易程度。还可以利用一些手段来针对性地激发孩子们某一方面的能力，提高小球员们在比赛活动中的体验感。

3 篮球比赛的目的

篮球可以映射生活的方方面面。时光流逝，幼儿会去经历青少年阶段直至成年。每个阶段中都会遇到诸多困难、挑战，或许胜利、或许失败，无论是成功还是失败，他们都需独自面对，就像孩子们参加篮球比赛一样，家长只能在场边加油呐喊。

淡化输赢，不以输赢为最终目的。教练要正确看待输赢，评价小球员们的表现时不应以输赢为标准，而应注重每个小球员自身的进步，哪怕进步极其微小。如果教练过于贯彻输赢的观念，忽视小球员们自身的努力与进步，小球员会缺少积极的成就感，那么小球员的比赛体验将会大打折扣，甚至带来更多的负面情绪，又何谈兴趣基础培养?

手脑协作，身体发育。篮球比赛需要调动敏锐的观察能力和活跃的思维能力，通过大脑传递信息给手、脚，并迅速做出动作反应，以此来控制身体赢得比赛。这个过程中一旦发生不默契的配合，就会给对方留下可乘之机，以致输掉比赛。小球员需不断重复技术要领来形成动作习惯，使手脑配合娴熟，从而在赛场上灵活应对。手脑的有效合作也是促进大脑发育、思维发展的有效方式。

提升意志品质。篮球比赛的特别之处在于使命感，小球员只有努力拼搏才能获得胜利，拼抢往往贯彻于整场比赛中，一旦在比赛中放松警惕，就会让对方得分。比赛总会有胜负之分，淡化输赢不等于完全抛开输赢。由于水平差异、发挥失常和情绪不稳定导致比赛失败，正是对小球员进行挫折教育的好时机，让小球员学会正确看待失败，培养小球员面对失败不屈不挠的精神。

塑造自信，释放天性。多次参加比赛的小球员明显与较少参加比赛的小球员不同，他们在场上时的自信眼神、冷静的状态都是比赛锻炼的结果。让小球员在比赛中释放天性、直面压力、敢于担当，都充分证明了比赛为小球员的发展提供了可靠的保障。

自我驱动力。篮球比赛是相互学习交流的过程，再好的技术也有不足之处，通过竞争找到差异，发现自己的不足，学习他人的优点，促进小球员们沟通交流、相互学习，培养小球员的自我学习能力。

团队合作。篮球运动的精髓在于它不是由个人独立完成的运动项目，需要通过多人的分工与合作共同来完成，这就要求小球员有很强的团队合作意识，激发其全局观，为小球员们集体荣誉感的形成奠定结实而稳固的基础。

观察、判断、反应能力。篮球比赛过程中小球员们需要在短时间内观察清楚场上多变的局势，准确地对自己的下一步动作做出判断，包括传球、运球、投篮、突破、无球移动、防守等。

规则与礼仪。比赛会举办开幕仪式，这包括球队队列入场、升国旗奏国歌等。比赛入场前，双方球员相互握手致意，首发球员在入场时与裁判员握手致意。比赛结束后所有球员需感谢观众、裁判、教练和家长，最后一起参加闭幕仪式。一系列的仪式都是为了培养小球员们的规则意识、集体观念、纪律观念及个人品质。

篮球比赛是小球员们的舞台，可以锻炼小球员的身体素质和激发小球员的内生动力，从而让他们在未来遇到更好的自己。

第 **3** 章

沟通建立桥梁
——幼儿执教最强助力

第一节　与幼儿的沟通

学会了解幼儿，与幼儿进行有效沟通是幼儿篮球教练员必备的能力。幼儿的认知水平与成人不同，无论是日常的沟通还是在篮球活动中的沟通，教练要尝试探索出更多与幼儿沟通的有效方式，理解幼儿的想法和感受，从他们的认知思维角度来考虑，创设一个能使幼儿更加容易理解的沟通环境，使沟通成为执教的一大助力。

1 幼儿期的认知

近代著名儿童心理学家皮亚杰认为：从出生开始人的智力能力就会经历无休无止的发展变化。在儿童时期，认知发展会经过四个不同的阶段，见表3-1-1。

表 3-1-1　皮亚杰的认知发展阶段 [①]

阶段	感觉运动	前运算思维	具体运算思维	形式运算思维
年龄	出生至2岁	2~7岁	7~11岁	11岁以后

一、前运算思维——假装性游戏

此阶段一个重要的标志是"象征性游戏"或"假装性游戏"。在此阶段，幼儿会对角色扮演产生浓厚的兴趣（例如扮演美猴王、超人等），在扮演这些角色时通常会使用一些有关角色的手势或动作（例如扮演小白兔时会在头部伸出两根手指变成大耳朵、扮演小鸭子时会用脚走鸭子步等），而且孩子们会沉浸其中。皮亚杰认为这些属于健康的活动，并且会对儿童的社会性、情绪、智力的发展有着积极的作用。曙光教练会对幼儿的走、跑、跳、爬等动作进行相关的描述，具体如下（见表3-1-2、表3-1-3、表3-1-4）。

---

①《发展心理学》。

表 3-1-2 前后摆臂走 / 跑的描述

速度	交通工具	动物	卡通人物
慢速	自行车、滑板车	蜗牛、蚂蚁	慢羊羊、懒羊羊
中速	小汽车、公交车	小狗、小猫	喜羊羊、沸羊羊
快速	飞机、火箭	老虎、猎豹、狮子	奥特曼、闪电侠、钢铁侠

表 3-1-3 跳跃类动作

动物	情景设立
兔子、袋鼠、青蛙	"我们在前进的过程中遇到了一个水坑 / 水塘 / 河流，看谁能跳石头过去"

表 3-1-4 爬行类动作

动物	卡通英雄
小熊、小猫咪、小螃蟹	蜘蛛侠

二、前运算思维——以自我为中心

前运算阶段的幼儿会认为别人看到的世界和他们看到的世界完全一样。为此，皮亚杰做了一个"三座山任务"的实验。他站在一侧，儿童坐在他的对面，如图 3.1.1 所示。

图 3.1.1 皮亚杰"三座山任务"

结果，儿童认为别人看到的山和自己看到的是相似的甚至是一样的。他们常常认为自己知道的事别人也知道，此时的"自我中心"并非我们通常所说的"自私自利"。皮亚杰曾举过这样一个例子：两个男孩去给妈妈买生日礼物，8岁的男孩选了一串珠宝工艺品，3岁半的男孩则选择了一辆小汽车。可以看出这个3岁半男孩的行为就是具有"自我中心"特征的，因为他没有考虑到妈妈的兴趣与自己的兴趣并不相同，当然这并不是自私。那么，针对以上情况，曙光教练给出以下几点建议。

（一）耐心

接受孩子的自我中心思维，以尊重为主，以引导为辅。德国有句谚语："耐心是一株很苦的植物，但果实却十分甜美。"作为教练员，经常看到孩子们互相起冲突的现象：

"我不是故意撞到他的，我没有错！"

"这个篮球是我先拿到的，是我的！"

"这是我的圈圈！我要站这里！"

"我先来的，我要站第一个！"

教练员不能简单地将幼儿自我中心的行为指责为自私、不道德或性格缺陷，更不要随意斥责或批评幼儿。事实上，自我中心和自私在概念上有着本质的区别，自私更多是指以自己为中心而忽视他人的观点，而幼儿的自我中心却只是指不知道别人的观点会与自己的观点不同的事实。因此，幼儿本身也感觉很无辜："明明我是对的，为什么大家还要批评我？"

因此，教练需要耐心解释：

"教练相信你不是故意的。但是，被你撞到的小男生不知道你是不是故意的呀！所以你对他说'对不起，我不是故意的'，这样是不是更好呢？"

"圈圈都是一样的（这时教练将两个圈圈放在背后打乱）。你看，你还能分清楚哪个是你的圈圈吗？"

（二）游戏角色转换

重视角色游戏和移情训练的价值，帮助孩子们学会换位思考。好玩的角色游戏可以让孩子们在短时间内扮演多种角色，体验不同角色的内心世界；而移情训练可以让孩子们思考"如果是我，我该怎么办"，以此来了解他人的情感、需求和活动。

2 沟通的内容

教练员与孩子们的良好关系的维护受许多因素的影响，例如教练员的品德、性格、能力，孩子们的心理、认知等。而教练员与孩子们的沟通能力和技巧是影响两者关系的重要因素。下面，曙光教练将会从活动的前、中、后三个方面来展开描述。

一、活动前

美国传奇教练约翰·伍登每次训练都会提前半小时到训练场地，通过和自己的队员聊天来了解队员们最近生活中遇到的问题。例如，"最近和女朋友相处得怎么样？""平时生活上有没有什么感兴趣的事情？"等。

教练与孩子们的关系实际上就是两者在日常生活和课程活动中所建立的心理关系或心理距离。大量的事实表明，教练协调好周边的人际关系，对教练的作用、职能的发挥都会有促进作用。因为教练的身份不仅是老师，还是朋友。

因此，曙光教练建议：训练前的聊天内容可以集中在孩子们的生活方面。

①上周末和爸爸妈妈去了哪些好玩的地方啊？明天准备去哪里玩啊？

②最近有没有交到新朋友？你们一起玩了什么好玩的游戏呀？

③今天穿的衣服 / 鞋子（带的水杯）真好看，是谁给你买的呀？

同时，作为教练，倾听也是我们必备的一项能力。这项能力看起来简单，但实则很难，我们需要做到：

①集中精力倾听，注重细节；

②不要打断孩子们的讲话；

③流露出自己对话题的兴趣并试图理解；

④对他人的话产生共情而非同情，以表明自己对话题的关注；

⑤可转述话语，不仅要理解其内容，还要理解内在的情感。

二、活动中

幼儿这个年龄阶段有它的特殊性，因此活动中沟通方式的核心要点为"适龄"。接下来，曙光教练将会在动作层面和精神层面展开描述。

（一）动作层面

对于每个动作，都应以情境或游戏的模式形容（参考前运算思维——假装性游戏）。

（二）精神层面

1. "教练相信你"：对孩子们表现出充分的信任感，不对他们的能力有任何的怀疑。

2. 保持平等的沟通距离：当和孩子们近距离交流时，可以选择用俯身、半蹲甚至单膝跪地的姿势与其交流。当孩子看到自己的教练愿意放下身段来和自己交流时，更愿意把内心的真实想法告诉教练，拉近双方的距离。

3. 坚守教练员的底线：无规矩不成方圆。让孩子们玩得开心并学会遵守规则，例如不能坐 / 踢球，教练讲话的时候不能说话等。要注意，严格非严苛。

4. 鼓励：鼓励能帮助孩子形成积极向上的态度，减少孩子在活动中未达到自我期望或教练期望所带来的负面情绪，提高孩子的活动体验感并产生动力。

5. 评价：不要针对球员本身进行笼统的评价，而要针对他们的行为进行具体的评价。只有这样，孩子才能更清晰地认识到自己的问题，教练再引导其自主解决问题，必要时给出具体建议。

三、活动后

一节篮球活动课的成功不仅体现在整节课的教学方面，还体现在孩子们对这节课的体验和评价。换言之，孩子们只会记得在活动结束后是开开心心、意犹未尽地回去，还是苦闷发愁地回去，这会间接影响孩子们在下节课的活跃度。因此，在活动的结尾部分，建议加入一个趣味十足的集体游戏，让孩子们在情绪最高涨的时候结束活动。另外，教练也要时刻关注孩子们结束后的状态，及时进行沟通，做到严慈相济。

（一）对待活跃的孩子：及时给予引导，可适当地严格要求。例如，玩游戏时违反游戏规则，有权禁止其参与下一个回合的游戏，要求其接受违反规则的相应后果。这个过程不宜持久，再次沟通讲明道理就快速让其返回游戏中，重点是让其意识到错误并了解违反规则所带来的后果。在其返回游戏后有所改善时，给予肯定和表扬，强化其改正的行为意识。

（二）对待内向的孩子：鼓励他们坦诚地说出自己的真实想法，并给予尊重和理解。例如，孩子说："教练，我觉得自己太笨了，这么久都学不会，"教练可以说："当你在练习的时候，教练能看到并感受得到你的认真和努力，和之前比有很大进步了，教练很喜欢你的坚持和努力，相信自己，一定会学会的！"

这里尤其要注意的是，严慈相济中的"严"并不是一味地惩罚孩子们，更不是用消极的言语去评价孩子们，而是坚守住基本课堂秩序的底线（孩子们的行为规范和教练的要求）。在执教过程中我们会发现，消极法在短期内确实奏效，但持续过久，孩子就会厌烦，会令教练员失去威望。切记"严格"而非"严苛"！

3 沟通的形式和方法

沟通的形式多种多样，在篮球活动中，到底应该怎样引导孩子们呢？曙光教练将从语言沟通和肢体沟通两个方面展开叙述。

一、语言沟通

语言是最具力量的沟通方式，教练与孩子们的语言沟通可归纳为五种类型，如图 3.1.2 所示。

表扬　　批评　　提问　　鼓励　　反向激励

图 3.1.2　沟通的五种类型

（一）表扬

表扬具有极大的安抚作用。除了表扬"优秀学生""榜样行为"，也可以利用表扬的安抚作用与学生进行更多正向的、良性的互动。曙光教练推荐以下几种具体的方法，见表 3–1–5。

表 3-1-5　表扬的语言

方法	定义	举例
惊讶法	教练对孩子们的行为表现出惊讶	"太棒了！你是怎么做到的？""哇！这么难你都会"
夸张法	教练夸张地评价孩子们的行为	"*** 运球特别用力，太厉害了！"
意见法	教练对孩子们表达自己的意见	"我觉得你们非常努力！"
比较法	表扬孩子们比以前做得更好了	"运球越来越好了"
赋予价值法	通过给孩子们的行为赋予价值来说明优秀的理由	"*** 摔倒了立马站起来，太坚强了！表扬你"
传闻法	教练将他人对孩子的评价告诉孩子们	"*** 说你今天特别听话哦"
模范法	让某个孩子成为模范，并让其他同学都注意到他的优点	"我表扬 ***，因为他 ***，太棒了！""我想让 *** 来当我的小队长！"
感谢法	教练向孩子们表达感谢	"谢谢你 / 辛苦你啦"
令人高兴的比喻法	用比喻的修辞手法来夸奖孩子们的努力	"*** 表现得像一位小战士一样，太勇敢了！"
敬佩法	教练对孩子们表达敬佩之意	"教练为你感到骄傲！"

（二）批评

如何才能恰到好处地批评，往往让教练们头疼。太过严厉的批评可能有损师生间的关系，而蜻蜓点水般的批评又起不到作用。因此，请记住，无效的批评是伤害，正确的批评是鼓励。以下是曙光教练的几点建议。

1.批评可以严肃，但不能发脾气。

2.批评之后记得情感抚慰。

3.批评的同时给孩子提出可行的改正建议。

（三）提问

提问可以引发孩子们的思考，提高其注意力与参与感，同时也是课堂互动不可或缺的一种教学技巧。教练也可以通过提问，引导孩子们完成某件事而非强制命令。以下是曙光教练的几点提问互动。

1."谁可以？"——示范完一个动作或提出一点要求后。

2."***（某技术动作），谁会做？"——一般是用于衔接下一项训练时。

3."***（某技术动作），教练忘了，谁还记得啊？"——教练可适当装作不记得。

（四）鼓励

赞美和鼓励是促进孩子们进步最有效的方法之一，《正面管教》一书中将鼓励的方法分成四类，见表3-1-6。

表 3-1-6　鼓励的种类

种类	定义	举例
描述性鼓励	清晰描述孩子值得鼓励的行为，及时肯定孩子细小的进步	"我看到/我注意到……"
感谢性鼓励	感谢孩子的努力而不是结果，关注孩子的感受	"我很欣赏/我很感谢你……"
赋予性鼓励	真诚地表达对孩子的信任，给孩子力量，关注正面，即使没有达到预期，也有值得肯定的地方	"我相信你/我知道你会/我对你……很有信心！"
启发式鼓励	一步一步引导	"你是怎么做到的？" "你是用了什么方法，这么轻松就把它搞定了？"

（五）反向激励

反向激励是语言运用的高级阶段，需要教练具备一定的天赋和演技。不失幽默的反向激励可以迅速激发孩子们的热情。

例如佯装不知法：教师装作不知道孩子们所了解的或能够做到的事，对于孩子们能够做到的事，先装作完全不了解的样子，当学生做到后再通过惊讶的表现来增强他们的自信心。

二、肢体沟通

研究发现：在和他人进行沟通交流的时候，我们向对方传达的关于情感和态度的信息，有55%通过视觉被捕捉到，有38%通过听觉被捕捉到，有7%通过语言被捕捉到。无声的沟通交流是你的肢体语言。曙光教练将从以下几个方面来展开叙述，见表3-1-7。

表 3-1-7　肢体沟通的分类

种类	举例	用途
身体姿态（仪态/气场）	行如风、站如松	无论是在活动中还是活动后，教练肢体要展现出精、气、神
身体移动	先看再动，用眼睛带动身体移动	发现某个孩子注意力不集中，先注视他，然后走到跟前提醒
	整块活动场地都是你移动的区域，想要激发孩子们的热情，首先教练就得热情起来	充分利用场地进行语言表达、动作展示
	动作不要太烦琐，口哨不用吹得过于密集	训练中
	在移动后要停留一会，再做下一次移动	用于演示动作时，反复在不同位置有耐心地演示
微表情	面部表情、眼神	让幼儿知道，不管你做什么，教练都会专注你、关爱你
肢体鼓励	大拇指、击掌、摸头	用于所有互动环节

4 与特殊情况孩子的沟通处理

执教过程中难免会发生一些突发状况。以下根据孩子们的前提条件、各种特殊情况进行分类讨论。

一、曙光幼儿篮球课程活动的孩子须具备的前提条件

（一）已自行为孩子购买保险或幼儿园内的孩子由幼儿园负责购买保险。

（二）身体条件适合参与一定运动量的活动，即无不可参与运动的先天性疾病或后天损伤或运动高风险人群。

（三）家长配合教练员日常课程活动工作，即尊重教练所安排的活动内容，有问题可合理沟通，共同协调解决。

二、特殊孩子

（一）运动高风险人群：有不可参与运动的先天性疾病或后天损伤或运动高风险人群（例如心脏病）。

处理办法如下。

1. 向家长或监护人说明此类孩子参与活动的高风险性，并明确表明不建议此类孩子们参与训练。如果您是在幼儿园执教，那么在班级参与训练时就要将此类学员交由班级老师负责。

2. 为了避免不必要的事故，每个幼儿园在开展篮球课之前须在合同条款上添加禁止此类孩子参与活动的条款，如果家长或幼儿园隐瞒病情，在篮球课上由于孩子的先天性疾病或后天损伤而导致的事故均由家长或幼儿园负责。

3. 不能参与运动的先天性疾病和后天损伤这个概念较为模糊，有些家长会说自家孩子有点小病小伤，可以照常参加。应对这类孩子的情况，须家长出示医生的诊断证明，证明孩子可正常参加有一定运动量的篮球活动。否则，禁止此类学员参与。在训练中，教练要多留意该孩子的负荷量和动作的合理性。例如，有的孩子肩部习惯性脱臼，但这不属于不能参加训练的范围。因此在活动中，教练员不可用力拖拽其手臂或在活动中对其慎用俯卧支撑性的动作，可多练下肢和核心力量。

（二）自闭症儿童（表现为与组内其他孩子格格不入，不融入集体，完全沉浸在自己的世界里，也不听教练和老师的指挥）、动感失调类儿童。

处理办法：组内的每个孩子都应受到平等的教育对待，也要关爱自闭症儿童，但毕竟每个组一般都会有十五六个孩子，如果过多地将注意力集中在这类儿童身上，势必会影响整节课的活动质量，导致教练员无法关注到更多的孩子而出现其他情况。

1. 对这类孩子下意识地多看几眼或用余光观察，只要这类孩子不干扰其他孩子的正常活动，不做危险事情，待在场上由教练偶尔牵着跑或自己抱着球玩，那么这对他来说也是一种锻炼和提升。

2. 教练员可牵着孩子们跑动。

3. 教练员可对孩子进行有鼓励性的言语表达或肢体动作，一节课中多鼓励他们几次、多牵几次手、多摸几次头，那么孩子便愿意与教练接触，久而久之便会有所进步。

4. 有机会让孩子融入集体的活动中，例如在玩"大灰狼来了"游戏时，便可以让孩子来担任大灰狼的角色，让他去捉其他小朋友，或者下课后的器材整理或收放器材等让孩子去做，尽力让孩子们融入集体。

5. 在无计可施的情况下（孩子不仅喜欢沉浸在自己的世界里，喜欢搞破坏，而教练及班级老师又教育无效），请果断让孩子跟着老师，以免发生安全事故。如果有家长有意见，则向家长解释情况，这种处理办法是对其孩子安全负责，也是对其他孩子负责。

5 幼儿常见问题及解决办法

一、孩子们遇到困难时情绪化，怎么办?

答：《正面管教》一书中提到如何"赢得"孩子。当孩子们觉得你理解他们的观点，他们就会更愿意听取你的观点，并努力找到解决问题的方法。这分为四个步骤，见表 3-1-8。

表 3-1-8　应对孩子负面情绪的方法

步骤	方法	举例
1	对孩子们的感受表示理解，并核实孩子们的感受（共情是打开心灵交流的第一步）	"没事，教练像你这么大的时候也运不好球，就想放弃，所以教练特别理解你的感受"
2	表达出对孩子们的同情，但不能宽恕（同情仅仅代表你理解他们感受）	"很抱歉让你生这么大气，我尊重你的感受，但我不能接受你刚刚的做法"
3	淡化挫败感，引导孩子们把焦点放在解决问题上（鼓励孩子自己想办法解决，无论是什么办法都要认同）	"教练那时候也拍不好，别人练 5 分钟，我可以练 10 分钟，最后成了班上最厉害的。你有什么好办法吗？"
4	给孩子们力量，助其建立自信（强化"我能行"的心理暗示）	"每个人都会遇到困难，但是你知道勇敢的人是怎么做的吗？就像你刚刚一样，想出了很多办法。教练看好你，加油！"

二、孩子们在课堂中发生矛盾和冲突，怎么办

答：在篮球活动中，难免会遇到一些肢体接触和误会，导致孩子们发生冲突。此时，教练第一时间的反应很关键，甚至决定了孩子今后处理矛盾的方式及习惯养成。曙光教练建议分三步来解决，见表 3-1-9。

表 3-1-9　应对课堂中发生的矛盾的方法

步骤	方法	原因
1	保障孩子们安全，制止矛盾进一步升级，包括语言肢体冲突，杜绝家长参与	如果家长参与进来，事情往往会不可控

步骤	方法	原因
2	不做裁判，做调解员。切忌大道理，充分尊重并认同孩子的情绪，学会去安静倾听各自的感受	只有能倾听孩子们之间的矛盾点，才能解决核心问题，同时，也能培养孩子冷静分析问题和解决问题的能力
3	孩子们发生的矛盾交给孩子自己处理，互相道歉，握手拥抱，冰释前嫌	这一步为升华作用，毕竟在篮球比赛中，他们是并肩作战的队员

三、遇到"内向"的孩子们，怎么办

答：一般而言，这类孩子在家是经常被训斥的，做什么都不自信、不主动，这样在学校和长大后都很容易被欺负。（曙光教练建议分两步来解决，见表 3-1-10。）

表 3-1-10　应对"内向"孩子的方法

步骤	方法	原因
1	活动中多鼓励孩子参与，放大他的优点，例如活动中他完成的质量远不如其他孩子，但其非常认真、努力，那么对其行为进行肯定和表扬	鼓励可以让孩子们在宣泄情绪的同时产生正向引导，帮助孩子获得成就感，从而更加自信
2	篮球比赛前，根据实际情况给孩子们设立不同的小目标，例如主动接球次数，并关注其是否突破了心理界限，事后了解孩子的感受，听其表达完后给予认可和鼓励	通过比赛，尝试主动争取，慢慢让孩子变得勇敢

四、孩子不能接受失败，怎么办

答：这类孩子通常都是由于家长过于照顾孩子的感受，很少对孩子说"不"，这会让孩子缺乏正面引导，变得比较脆弱，不能接受失败。曙光教练建议分三步来解决，见表 3-1-11。

表 3-1-11　应对孩子不能接受失败的方法

步骤	方法	原因
1	表达出对孩子们感受的理解，并确定孩子们的感受	共情是打开心灵交流的第一步
2	挫折教育——让孩子们适当体验比赛带来的挫败感，经受过挫败感之后，肢体语言（摸摸头、拍拍肩膀）是最好的安抚方式	过度的安抚只会造成孩子的负面情绪，且不能让孩子一直失败，会让其失去信心

步骤	方法	原因
3	等待孩子们自行消化负面情绪后，再鼓励引导其解决问题：首先对其努力进行肯定，再分析失败的原因，提出解决方式	培养孩子用解决问题的眼光看待输赢

五、当孩子们说"我不会"，怎么办

答：这种问题分为两种情况：一种是孩子想引起你的关注，一种是孩子自暴自弃。曙光教练建议分两步来解决，见表 3-1-12。

表 3-1-12　应对孩子说"我不会"的方法

序号	种类	方法
1	引起你的关注	"宝贝，我相信你会想出办法来的"
		时刻关注孩子们的动态，一旦孩子们有好的表现，提出表扬并给予下一步的建议
2	自暴自弃（这类孩子是真的觉得他们不会）	花时间给他们一步一步地示范，降低难度并为他们设定一个"跳一跳"够得着的小目标，并有耐心地指导。在其完成后一定要注意对其进行鼓励评价，给予信心

以上便是教练与幼儿沟通的全部内容。可以发现，在本节中"鼓励"这个词频繁出现，这也是曙光教练想要传达给大家的观点，在幼儿执教过程中，鼓励会培养孩子们的自信心和"我有能力""我知道该怎么办"的自我感知力。同时，在和幼儿的沟通中，只有秉持鼓励、理解和相互尊重的态度，以上方法才能有效。慎用"批评""惩罚"手段，这会让孩子和你疏远。

当然，在执教的过程中会出现各种各样的突发事件，这不仅需要教练自身的专业能力过硬，还需要与老师、家长及同事及时沟通。

第二节　与老师的沟通

幼儿篮球执教中要想提高训练的效率，教练与班级老师的沟通协作必不可少。老师们周一到周五都会陪伴在孩子们身边，对每个孩子的习性都了如指掌，而篮球课每周最多只有几节课的时间。无论是活动前、活动中还是活动后，与班级老师进行沟通协作会让他们成为你篮球课堂的有力搭档。下面曙光教练从活动前、活动中、活动后三个阶段为大家分析与班级老师的沟通协作。

1 活动前与老师的沟通

一、进入新班级前需要做哪些准备工作

（一）询问联系方式（电话、微信、QQ 等）及老师称呼，与老师沟通时要注意言谈举止大方得体，要有礼貌，说清楚用意（方便工作协调沟通）。

（二）了解清楚孩子们的身体状况、有无病史、性格特点、喜好、家长的特殊要求（不能晒太阳）等。

（三）了解班级理论课所需的投影电视、班级内可使用的器材等。

（四）了解班级课程，明确班级的空余时间以方便调课、补课。

（五）询问家委会的联系方式，方便沟通事宜。

（六）询问班级篮球课学员花名册（方便更快、更准确地记住孩子的姓名），商量建立班级篮球课微信（QQ）群，与老师共同参与管理日常事务。

（七）说明上课时间、地点。

（八）咨询班上孩子本节课情况，是否有不适合上课的。

（九）课前若需要老师辅助，要提前和老师沟通，并具体描述要如何做（带小朋友上厕所、帮忙管纪律、辅助教学、帮忙拍照等）。

二、上课时间需要调整时，如何与老师沟通

答：提前一天与班级老师联系，告诉他调课或停课的原因并与老师商量补课时间。

三、上课时间需要其他教练员代课，如何与老师沟通

答：首先与替课教练完成孩子基本情况的交接，然后提前一天与班级老师取得联系，说明交接课的情况。

2 活动中与老师的沟通

一、当孩子在课上出现问题时，如何与老师沟通

答：当孩子发生意外时，要及时与班级老师取得联系，告诉老师事发原因。根据

具体情况让班级老师带孩子到旁边休息，观察情况，若情况严重，则立马送到附近的医院检查。课后积极询问班级老师孩子的情况，必要时与家长联系，关心慰问。

二、与其他班级进行比赛时，如何与老师沟通

答：提前与老师班级协调比赛时间和场地，并请老师通知家长比赛事宜。

三、进行班级比赛时，如何与老师沟通

答：当没有助教时，请班级老师帮助孩子穿球服、协助管理替补席纪律。

3 活动后与老师的沟通

（一）和老师一起帮孩子换衣服或隔汗巾（女孩子统一由班级女老师更换）。

（二）说明本节课情况，咨询孩子出勤情况。

（三）离开时致谢并与老师打招呼再离开（当老师有需要请求帮忙时，在自己能力范围之内，及时予以帮助）。

第 **4** 章

方法用来辅佐
——幼儿篮球执教方法

"教师之为教，不在全盘授予，而在相机诱导"，叶圣陶先生这句话高度强调了教育者在实施教育活动时，在恰当的时机采用合适方法进行引导的重要性。幼儿之所以有别于青少年和成人，是因为其生理和心理都处于发育阶段，采用的方法也应符合幼儿阶段身心发展的特点。因此，曙光教练将在本章介绍幼儿篮球活动中常用的四种方法——竞争法、情景教学法、角色互换法、变换法。结合具体的案例，提出注意事项。

第一节 活动方法

1 竞争法

一、幼儿阶段使用竞争法的四大目的

"物竞天择，适者生存"，竞争是人类的天性。蒙特利尔大学的一项研究表明：3~6 岁是儿童竞争性发展的一个关键期，在这个阶段，他们的竞争意识日益增强，会把自己与别人做比较，来评价别人和自己。

竞争是把双刃剑，一方面包含了力求取胜、积极向上的品质，另一方面好胜心过强，又容易产生嫉妒、虚荣、心胸狭隘等心理。因此，在幼儿篮球活动中对于"竞争"二字正确的引导是至关重要的。使用竞争法的目的如下。

（一）灌输正确的竞争意识

首先，让幼儿学会面对现实。有比赛就会有赢输，避免竞争或必须获胜的想法是不妥当的。其次，竞争不是自私和狭隘，竞争者应具有宽广的胸襟，不是阴险狡诈，暗中算计人，而是齐头并进，用实力获得荣誉。再次，竞争要讲正义与良知，既有敢于竞争的勇气，又有恪守竞争道德和规则的涵养。最后，不过于注重短暂的胜利或失败，或盲目地追求第一名，重要的是要积极参与并学会享受整个过程。只有不断挑战并超越自我，才是最大的胜利。

（二）引导向对手学习

向对手学习是一种罕见的精神。教练会看到比赛失败后一些孩子会表现出不愉快的情绪，并对获胜的一方充满敌意，有时还会说不再与对方成为朋友之类的话，甚至

会唆使其他伙伴孤立对方，这种竞争是不可取的。教练应引导孩子：对手也是朋友，他们的成功来源于平时的认真刻苦练习，我们应该尊重他们，学习他们的优点，弥补自身不足，与他们交朋友。这样他们就会获得除输赢外的更多收益。

（三）帮助正确看待失败

在竞争过程中，小球员可能会过多地关注结果而忽视了自己所取得的进步，这就需要教练帮助他们发觉自己取得的进步，而不只关注输和赢。如果在竞争中提高了自己，即使失败，也值得鼓励和表扬。教练要教导孩子，输也是一种获得，不要抗拒，要体会竞争的乐趣，而不只是为了赢而竞争。

（四）教会竞争中合作

竞争中合作是篮球运动的必备素质之一，切勿片面强调竞争而忽视合作能力的培养。教练要告诉小球员，在竞争中得到胜利固然值得骄傲，但和同伴之间的团结协作精神也是在比赛和日常生活中不可或缺的品质。要让孩子认识到，竞争不是抬高自己、轻视别人，而是通过竞争认识到集体中每个人有自己的长处和不足，要团结协作，取长补短。

二、竞争法的竞争对象和注意事项

竞争对象可以分为三种——人、物和负荷量，每种竞争对象的注意事项也不同。

（一）与人竞争

1. 与自己竞争

教练引导小球员与自己竞争的最大好处在于让他们专注于自己所取得的进步，而不是与他人的差距。例如，在提高运球推进速度时，教练可以这样说："看谁这一次运球推进到对面底线使用运球的次数比上一次少。"同时也要帮助他们看到自己的进步，教练可以这样说："小明虽然运球次数和上次一样多，但这次他对球的控制更稳。"教练也可以引导他们用自己的左手和右手竞争，从而加强弱侧手的能力。与自己竞争也适用于能力较弱的小球员，例如"你上次连续运球运了 3 次，这次能做到连续运球 6 次，真棒！期待你取得更大进步！"。

注意事项

1. 与自己竞争的负荷量不宜过多，小球员的体力情况和注意力集中时间不足以支撑太久，而且负荷量过多会削弱刺激度和趣味性，导致效果欠佳。

2. 要注意弱侧手的练习，建议弱侧手的负荷量是强侧手的三倍。

2. 与队友竞争

首先，确保竞争一定是正面、积极的，可以是体能、技术和纪律等方面。例如"看哪位小球员的反应最快""哪位小球员最快回到白线站好""看谁运球时'坐凳子'（降重心）做得最好""谁投篮的动作最标准""谁运球的力量最大"；"哪一组先站好，哪一组先出发"；"看哪一组不仅纪律好，动作也标准"等，使用这样的话语替代"长篇大论"的动作讲解和"都别说话了！""再说话我就生气了"等命令、威胁式的话语。同时，要关注到一些能力较弱的小球员。在活动上找不到存在感和成就感，觉得自己不如他人而放弃篮球运动的小球员也普遍存在，对于他们而言，教练要看到他们的优点，并及时给出正面的鼓励，有时甚至需要当着所有人的面对其提出表扬。例如"小明虽然运球的速度不够快，但抬头观察的习惯很好，并且推放球动作做得很标准，我相信经过努力，速度也会越来越快"。这样做不仅可以兼顾能力较弱的小球员，同时也提醒其他人更专注于动作的要点，而不只是速度。

3. 与教练竞争

幼儿篮球教练更多是以"大哥哥"的身份进行执教，自己与小球员们共同参与，是熟悉小球员、与他们建立亲和关系非常有效的方法，而不仅仅只是扮演一名教练的角色。与教练竞争的优点在于能充分调动小球员的积极性，激发他们的求胜欲望，增强自豪感和成就感，培养团队意识。与教练竞争可分为以下两类。

（1）每个人都是独立的个体与教练竞争。这种竞争形式能把小球员的注意力转移到超越教练上，以至于他们会更加努力地表现，以期望打败教练。例如，"看谁比教练更快回到白线站好""看谁运球推进的速度比教练还快""看哪位小球员的投篮动作比教练更标准"等。

（2）小球员是一个整体，教练是一个整体。这种竞争形式能有效激发他们的集体荣誉感，培养团队意识。例如，小球员为了团队与教练比拼，看谁先投进10个球。

注意事项

1. 与教练竞争最好设计在队友之间的竞争之后，这样从球员到教练有一个循序渐进的过程，激发他们的挑战欲望和刺激度。

2. 教练的取胜次数要保持在一个合理的区间内。一直取胜，会打击小球员的信心，一直失败，可能会降低教练在他们心中的形象。有时，可以采用平局收场，让他们期待下一次的比拼。

3. 竞争时不要太注重比拼的结果而忽视动作的质量。

（二）与物竞争

1. 实体物

篮球活动中可以用一些常见的物品或器材来与小球员竞争，这样既可以调动他们的积极性，又更具趣味性。以常见的篮球为例：教练将球抛向空中，小球员随着篮球落地弹起的节奏跟着篮球起跳落地，看谁能跟上篮球的节奏；或者教练把球往前滚，小球员运球跑或徒手跑，与篮球比速度。

2. 虚拟物

与虚拟物竞争，需教练引导小球员在脑海中建立一个虚拟的竞争对象，然后与之竞争。示例如下。

教练："哪位小球员见过小兔子？"

小球员："我见过！我见过！"

教练："兔子的速度快不快？"

小球员："快！快！"

教练："好，那咱们现在就看哪位小球员的运球速度比小兔子还快！"

（三）与负荷量竞争

1. 与时间竞争

使用与时间竞争的方法对中、大班（4~6 岁）的小球员效果更好，因为他们对时间的概念相对于小班（3~4 岁）的孩子更强。与时间竞争的方法可以分为两种：其一是最短时间内完成的任务量，例如，"看哪位小球员用最短时间完成 20 次运球""比哪组最短时间投进 5 个球"等；其二是在规定时间内完成的任务量，例如，"20 秒内比谁的运球次数多""看谁能在 8 秒钟内运球从一边底线到另一边底线"等。

注意事项：需要提前说明听到教练信号（吹哨、击掌）后才能做动作，不能"抢跑"。

2. 与次数 / 组数 / 个数竞争

例如"比谁能单手连续运球 10 次""比谁能连续投进 5 个球""谁最快完成三组侧身跑"等。

注意事项

1. 不要过多地重视结果而忽视动作的质量。

2. 竞争的次数 / 组数 / 个数不宜过多，根据小球员的能力制定，要确保在调动他们积极性的同时达到运动量。

一名合格幼儿篮球教练应引导小球员形成正确的竞争意识和竞争观念，让小球员清楚地知道他们如何与不同的对象竞争，以及需要注意哪些事项。良好的竞争心理，正当的竞争精神，这也是使事业成功与督促个人向上的动力。

2 情景教学法

苏霍姆林斯基强调："儿童是用形象、色彩、声音来思维的。"当在活动中采用常规的教学方法起不到很好的效果时，学会运用情景教学法能恰如其分地启发他们理解知识、学会思考。如何更好地理解和运用这个方法呢？曙光教练从情景教学法的定义、优点、形式、注意事项并结合具体的案例来介绍。

一、情景教学法的定义

情景教学法是指在教学过程中，教师有目的地引入或创设具有一定情绪色彩的生动、具体的场景，以引起学生一定的情感体验，从而帮助学生理解教学要点，使学生的心理机能得到发展。

二、情景教学法的优点

（一）符合儿童的心理特征。情景教学以其直观性、趣味性、生动性，激发孩子们的参与感和学习欲望。

（二）有利于提高教学质量。情景教学法能够对教学内容进行游戏化、趣味化及情景化处理，具有很强的吸引力，能够有效推进教学活动。

（三）消除紧张心理。儿童在最初接触篮球时难免会出现紧张的状态，采用常规的方法很难消除这种紧张感，但是如果采用情景教学法，把教学内容融入游戏中，并加以鼓励，可以有效缓解他们的紧张心理。

（四）吸引小球员注意力。儿童注意力集中时间短，易被周围的事物吸引，采用情景教学法，配合生动的讲解和夸张的肢体语言，把他们引入设计的情景中，可以有效集中他们的注意力。

（五）降低小球员的理解难度。

（六）能够针对个体差异和不同的需求因材施教。

三、情景教学法的形式

（一）展示实物和图片

教练可以运用一些与活动相关的实物或图片向小球员们讲解技术要点。教练可以事先准备好各种各样的实物，通过展示实物，让学生根据实物回答，这样先给他们以视觉冲击，吸引住他们的眼球，激发他们活跃的思维和表达的欲望。例如，在投篮教学中可以找一些与投篮动作相关的海报来吸引小球员，并根据海报提问投篮的技术要点，如投篮后手臂姿势像一只脖子长长的长颈鹿。

（二）运用游戏

游戏是幼儿篮球活动中不可或缺的因素。教练可以根据他们的实际需求和理解能力，运用游戏开展情景教学。例如，可以用装球的网兜进行"捕鱼游戏"（教练是"渔夫"，网兜是"渔网"，小球员们则是"小鱼"，"小鱼"运球 / 不运球在球场中跑动，"渔夫"则在球场外移动伺机撒网捕鱼，"小鱼"则要躲开"渔网"）。

（三）利用语言描述

善用语言是成功的篮球教练员必备的能力。教练用生动活泼、抑扬顿挫、幽默风趣和带有感情色彩的语言描述出一幅形象生动的场景，以集中小球员的注意力，激发他们的兴趣，进而理解要点、掌握技能。利用语言描述，特别注意的是要"等"，给予他们充分的思考时间。示例如下。

教练："请问投篮时手是怎么持球的？"等待几秒。

小球员："投篮手放球的后面，辅助手放球的侧面"。

教练："那我们的双腿如何做呢？"等待几秒。

小球员："打开与肩同宽，臀部坐小凳子（降重心）"。

（四）利用现实情境

把幼儿带入社会、带入大自然，展现现实生活情境，从生活中选取某一典型场景，作为小球员观察的客体，并通过教练语言的描绘，鲜明地展现在小球员眼前。例如，提高小球员们运球急停急起能力的"红绿灯"游戏（教练准备红色、绿色和黄色三种颜色的标志物，分别代表红灯、绿灯和黄灯。教练面对小球员，将标志物藏于身后，当教练拿出"绿灯"时加速运球，拿出"红灯"时急停收球，如果是"黄灯"则要原地运球，保持小碎步等待）。这样的设计就与现实情景过马路时的规则联系起来，不仅提高了小球员的运球能力，还增强了他们过马路的规则意识。

注意事项

1.创设教学情景要有创新性。

小组间相互讨论、交流能让小球员集思广益，有利于多向交流，体现小球员的主体作用。通过讨论和观察，小球员明白了道理、统一了认识，不仅激发了他们的学习兴趣、加深了对技术要点的理解，还发展了创新的思维。

2.创设活动情景要有竞争性。

创设活动情境的竞争性，不仅可以使小球员容易掌握技术要点和技能，而且可以使其更好地体验活动内容中的情感。幼儿具有好胜、自尊心强的心理特点，同时也爱表现自己。竞争对他们有强烈的刺激作用，活动中可以适时、适度地采用竞赛方法来激发他们的竞争意识，提高他们的学习兴趣。

3.创设活动情景要联系生活。

教学活动来源于生活。紧密联系小球员的生活实际，从他们的生活经验和已有知识出发，创设生动有趣的情境，激发他们对篮球的兴趣及学好篮球的愿望。

4.设计活动情境，不能哗众取宠、喧宾夺主，形式要为内容服务。

5.选择情景时，可以依据学生经历过的和活动目标所涉及的情境进行选择。

3　角色互换法

受传统教育观念的影响，学生对教师有潜在的敬畏戒备心理，教师也总习惯扮演权威者的角色，总以一个尊者、长者、说教者的身份自居，这就会造成活动存在许多的教条。那么，什么样的活动才能更具亲和力、凝聚力、向心力呢？角色互换法是一个不错的选择。

一、角色互换法的定义

角色互换法是指在活动中教师和学生从传统角色定位的束缚中解放出来，由学生扮演老师，老师暂时充当学生，以此改变单一的教师讲解模式，把活动让给学生，此方法非常适用于幼儿篮球活动。

二、角色互换法的作用

（一）培养小球员的创新精神

教练传输、球员接受的传统"注入式"的教授方法，不仅禁锢了球员的思想，限制了他们的思维，而且阻碍了他们创新精神的培养。而角色互换法强调的是球员的主动性，使他们在自主探索、发现、行动和输出的过程中学习，从而有效促进创新思维的发展，培养创新精神。

（二）培养小球员的表达和演讲能力

强调球员和球员、球员和教练之间的对话是角色互换法的特点，正是这个对话的过程，使他们有机会在大众面前公开阐述自己的观点，敢于质疑，敢于批判，敢于肯定，在培养他们表达和演讲能力的同时也提高了他们的逻辑思维和应变能力。

（三）提高了篮球活动的质量

角色互换法以球员为主体，能充分发挥球员学习的自主性，使球员进行主动探索、主动发现，主动对知识进行构建，这种创造性学习有效调动了球员学习的积极性，有效培养了球员学习的兴趣，从而提高了篮球活动的质量。

（四）方便教练更加了解球员对所学东西的理解程度

通过角色互换，教练从球员的视角认真了解他们对于某个技术和活动的理解程度，从他们的语言表达及动作示范的过程中发现他们对知识的掌握程度，什么地方存在误区，从而更加有针对性地在接下来的活动中进行指导。

三、角色互换法在篮球活动中的应用

角色互换法在篮球活动中的应用主要体现在球员之间和教练与球员之间的互动。在篮球活动中，此方法如果运用得当，将起到事半功倍的效果。

（一）小球员和小球员之间

应用案例一

在对墙传接球练习中，两名小球员一组，一人作为球员做传接球练习，一人在旁边作为"小教练"观察，每次传接球提醒对方传接球的优缺点，然后交换角色。

应用案例二

分组投篮练习中，指定每组的一名小球员作为"小教练"，指导本组队员投篮动作，本组队员轮流作为"小教练"。

（二）教练和小球员之间

应用案例一

教练："昨天我们一起学习了双手胸前传球技术，大家还记得吗？"

球员："记得！记得！"

教练："但是教练记不太清楚了，哪位小球员愿意当'小教练'带我这个"大球员"回顾一下？"

球员："我愿意！我愿意！"

教练："那请 ××× '小教练'上前带我们一起熟悉一下。"

球员：开始讲解做示范……

教练："感谢 ××× '小教练'，帮助我们重新复习了双手胸前传球技术。鼓掌！"

应用案例二

教练："昨天我们一起学习了持球三步上篮技术，今天教练当'球员'，你们当'教练'，一会儿教练做持球三步上篮动作，你们来找出动作的优缺点，看哪位'小教练'纠正得又多又准确。"

球员："好！好！好！"

教练：开始做动作（可以故意暴露一些球员常犯的问题，加深他们的理解并改正）。

教练："请问各位'小教练'，'大球员'做的动作有什么优点和缺点呢？"（此时"小教练"们会举手，教练则随机挑选他们讲解，其余"小教练"则补充）。

球员：开始讲解、示范、纠正。

注意事项

1.运用角色互换法预设的主题，要确保小球员们已经有了一定的理解，这样更能激发他们的表现欲和兴趣。

2.每名小球员都要有均衡的当"小教练"的机会，不能只把机会给那些相对较活跃和胆大的球员。

3.教练不要永远一副什么都知道的样子，适时"装傻"更能激发小球员们的帮助欲和表现欲。

4 变换法

"通其变，天下无弊法；执其方，天下无善教。"对于小篮球运动而言，"变"字在活动和比赛中尤为重要。幼儿身心发展的特殊性和阶段性，决定了对其的执教理念和原则与青少年、成人有明显的不同。教练可以通过对条件和规则进行修订，以满足他们的需要，促进他们发展。规则修订的作用如下。

· 专注于有趣。

· 确保所有球员参与比赛，而不只是"突出"的球员。

· 所有球员都能体验"成功"的感觉，而不论团队是输是赢。

一、器材

（一）篮筐

在练习过程中往往会受限于活动器材和场地等原因，此时，曙光教练可以做出以下调整——淡化篮筐。

幼儿初学习投篮时，往往存在"人多筐少"，练习时需排长队等候投篮而效率低下的问题。其实，这个阶段不应过多地进行投篮筐的精准练习，以免小球员更多地关注球进与不进而忽略自身投篮动作，命中率低（一直投不进）会让更多能力偏弱的孩子丧失兴趣。因此，曙光教练可以采用以下设计。

投篮游戏：比一比，谁投得高。小球员可以自行寻找安全区域进行投高练习（保证动作正确），也可以投过教练拉起的绳子，以增加趣味性和挑战性，同时解决篮筐少、投篮练习效率低的问题。

设计注意事项

1. 练习中以动作正确规范为主，在这个基础上看谁投的高。

2. 绳子高度可以随时升高或降低，满足所有孩子的能力需求。

3. 在没有绳子的情况下（最好准备一条绳子）也可以考虑用呼啦圈、一条长棍代替，学习能力强的孩子可以去投篮筐，充分利用现有器材提高投篮练习效率。

（二）篮球

国际篮联规定 3~4 岁幼儿使用 3 号球，5~6 岁幼儿使用 5 号球，7~8 岁使用 6 号球。为了增加活动的多样化和趣味性，可以做出以下调整。

1. 使用网球、沙包、纸团等物体。以发展球员投掷能力为目的，选用不同的器材代替。

2. 用异常大的球。例如 7 号篮球用来练习运球技术，使用瑜伽球也能迅速调动孩子们的积极性。

3. 利用更小的球。常规球用多了，偶尔换小号球也是不错的选择，例如网球。

二、规则

（一）从底线发球

1. 无 5 秒发球违例。

2. 接球人必须站在罚球线及罚球线延长线以外的位置接球，从而提高篮球进入前场的速度和效率。

3. 进球后发底线球，无全场紧逼。防守球员必须站在后场，球过中线后可正常进行攻防。

（二）后场到前场

1. 无 8 秒违例。让进攻球员有充足的时间去推进。

2. 两次运球、走步规则正常。如果球员违反规则，裁判员可停下比赛并告诉球员他们有违例现象。

3. 规定从前场到后场的运球次数，例如 3 次运球之内必须过前场或传球（具体根据球员能力而定）。

（三）阵地进攻

1. 投篮前传球。在尝试投篮前，球队传球次数必须达到一个最小次数（例如全队传球 3 次后才能投篮）。

2. 无协防球员。只能由一个人防守控球队员。

3. "不抓球"规则。防守球员不得从另一名球员的手中抓球。防守球员可在球离手后抢断球。

（四）换人

为确保所有球员参赛，在小篮球运动中，小球员在每场比赛中有均衡的出场时间。可修改的规则如下。

1. 每节比赛进行一半时停下比赛强制换人。

2. 得到 10 分的球员要被换下（但允许重新回到比赛）。

3. 球员犯规次数达到 5 次后并不会被"犯满离场"，而是继续比赛。但是，若球员表现太过粗野，裁判可将其换掉。

（五）得分

1. 为提高小球员的传接球能力和团队协作意识。一次进攻中经过 5 次传球后投中的球应计 3 分或更多。

2. 抢到进攻篮板球的球员在第一时间传球给位于罚球区之外的队友可得 1 分。

3. 投篮时被犯规的球员可获得 1 分，但不罚球。

4. 在第一节、第二节或第三节比赛时，若球员未投篮得分，可允许其有一两次的罚球机会，罚中可计分。

5. 传球得分。传球给位于罚球区的队友可得 2 分。球员接到传球后投中还可奖励 5 分——鼓励传球主导进攻。这个规则也同样适用于投篮练习等情况，例如投篮动作标准得 5 分，投进奖励得分翻倍（增加得分，让小球员更多地关注技术动作本身）；投篮动作不标准不得分，投进只得 1 分或不得分。

第二节 高效方法

为了能让小球员在有限的练习时间里尽可能多地吸收和转换所学知识点，提高他们的学习效率，教练们必须掌握一定的高效活动方法。从最开始的活动介绍到讲练如何平衡，再到如何高效地练习与反馈、如何与小球员和老师沟通等，都需要遵循高效原则，从而提高活动效率。

1 活动介绍

幼儿篮球活动中常会看到一些教练在介绍一项活动时长篇大论，时间过长后小球员经常会被周围的事物吸引或与旁边的同伴聊天，可想而知，当他们去执行指令时自然会事与愿违。幼儿注意力集中时间短、易走神的特性使教练在介绍活动时必须言简意赅，确保向他们传递的信息清晰扼要，一针见血，从而为小球员争取更多练习的时间，提高活动的效率和质量。

当开始一项新活动时，教练需要做到以下内容。

· 引起注意——用口哨、声音、一些夸张的动作或是预先安排的信号。

· 给活动命名——便于小球员记忆和理解，让其在下次活动中再次开展（例如"叠房子游戏""制作冰淇淋"等）。

· 制定活动规则——包括什么时候出发、从哪里返回等（例如，前面的队员移动到中线，后面的人才能出发，到达底线后沿边线返回），这样能保证活动有序地进行，也能防止路线不清楚带来的一些安全隐患。

· 说明一到两个教学要点——这是教练在本次活动中所要强调的重点。每项活动的要点不宜过多，一到两个为宜，而且要注意抓主要的要点（例如，投篮先抓整体力量的传导，再抓手部的细微动作）。

· 示范——进行相关的动作示范，让球员们建立初步的动作概念，更好地了解目标（对于3~4岁的小球员，教练在前方带着一起做动作效果更佳）。

· 讲解活动目的——可以向小球员讲解这次活动的目的（例如，运球推进是为了在比赛中更快地摆脱对手到达投篮得分区域，从而获得投篮机会，从边线返回是为了防止碰撞）。

除了上述内容，曙光教练在介绍活动时还要注意排除一些干扰因素，具体如下。

一、讲解的位置

介绍活动时教练必须意识到他们相对于群体的位置，尽可能地尝试站在一个对群体开放的位置讲话——教练能看到球员，球员也能看到教练。便于教练捕捉小球员的反馈，例如，点头倾向于了解，而充满疑惑的一瞥可能说明他们不确定。若教练需要移动（例如展示球员在活动中应进行的移动），教练应先对群体讲话，移动（不说话时）然后转身面向群体，然后再站在一个新位置继续讲话。

常用的组织站位注意事项如下。

（一）一字站位。若教练给小球员介绍活动时小球员站在边线成一排，教练所讲解的位置应保证最两端的小球员能够看到，若离中间球员太近，两端球员则处于一个较差的听、看角度。

（二）U 形站位。这个站位相对一字站位更能确保两端的小球员能看到教练，这个组织形式可用三分线，一句"请所有人站在三分线上"即可组织完成。

（三）散点站位。注意不让前面的球员挡到后面的球员，可以插空或让前面球员蹲下。组织幼儿活动时，教练要有足够的控制能力才能使用这个组织形式。

（四）改变示范面。示范时要根据强调的动作要点选择恰当的示范面（例如，强调投篮时屈髋降臀和投篮手的动作，侧面示范就比镜面示范能更直观地看到重点）。

二、小球员被动接受

讲解一项活动时，除了要简单明了，还要引导小球员参与进来，与他们互动，避免教练"一枝独秀"。对此，教练可以采取以下方式。

（一）提问。如果讲解的活动是之前练习过的，提问的方式可以帮助球员从被动接受变为主动回忆（例如，在投篮练习中，教练问："请问谁记得投篮时的手部动作怎么做？"这时小球员一般都争先恐后地抢着回答，教练可以接着问"投篮手掌心朝哪里？""辅助手放在球的什么位置？"等问题，问题和问题之间等待 3 ~ 5 秒，给予小球员充分的反应和回答时间，回答正确则与之击掌表扬）。

（二）竞赛。教练在开讲之前可以用竞争性的语气诱导小球员们认真听讲（例如，"教练接下来要讲传球的动作要领，看哪位小球员记性最好，能记住教练所讲的内容，回答正确将获得击掌资格！"）。

（三）请小球员替你说（例如，"请问谁记得传球的动作要领？请举手"。这时记得的小球员都会踊跃地举手，教练请一名小球员来前面给大家讲解，若讲解有遗漏，可以继续问"谁还能补充？"）。注：小球员上前讲解完成后教练一定要给予动作或语言上的鼓励，以提高球员回答问题的积极性。

❷ 高效分组

幼儿篮球活动如何分组？为解决这个问题，首先需要清楚为什么要分组？采用分组可以起到以下作用。

· 提高活动的效率，能帮助小球员最大化地争取参与各项活动的时间，而不是把时间花在排队等待上。

· 降低意外发生的概率，分组能让训练井然有序地开展，降低碰撞摔倒的风险。

· 提高活动的质量，一些练习需要足够大的空间，才能保证活动的效果（例如，全场推进运球），分组轮换才能保证足够的空间。

通常在幼儿篮球活动中每名教练执教的人数大概为 12~15 人，有时会更多。在有限的场地空间和训练时间里，如何在尽可能安全的前提下提高活动的效率和质量是一个棘手的问题。采用分组是一个解决之道，但幼儿年龄尚小，自控能力差，分组也常会出现一些管理困扰。在分组时，教练需要考虑以下要点。

一、为小球员最大化地创造参与机会

分组的目的之一是为小球员创造最大化的参与机会。在分组时如需排队，则尽可能减少每组的人数（一般 2~3 人为宜），减少等待时间，降低小球员走神的可能（例如，排队练习基础投篮动作和运球推进时，每组人数过多可能由于轮换慢，导致较长时间的等待，小球员们容易走神）。如果是分组轮换对抗（例如 5 对 5、4 对 4、3 对3），则需要加快轮换时间或给出能够快速达到的目标（例如，30 秒轮换或投进一球轮换）。

二、鼓励小球员为自己的表现负责

分组后组别变多，教练不能同时监督所有小组，管理的难度会增加。这时就要赋予球员责任感和团队意识。每组可以选出一个队长来管理。有时小球员管理的效果比教练管理的效果会更好，同时也能提高小球员的领导力和管理能力。但是要尽可能让每个球员都有管理的机会，如果有的孩子管理能力确实不好，则可以委派一个副队长协助管理。也可以给予目标或奖励。积分制——每组给 10 分，如排队时不说话、不运球，动作完成标准则加 1 分，反之则减分，为了刺激表现不好的组别，甚至可以给表现好的组别一次多加分，但在后面练习中若之前表现不好的组别有所改进，则加分以资鼓励，对他们的改变予以肯定。目标制——如在投篮训练中哪组先投进 10 个且动作标准，则获得和教练击掌，然后"升级"的奖励（升级：可由原地持球投篮升级到行进间运球投篮，由中路投篮升级到侧翼投篮等，但要注意对于投不到篮筐的小球员，若动作标准也可给予加分）。

三、考虑能力、年龄、性别和友情等因素

不要将能力较强的小球员分到同一个小组，这样会造成不公平的现象；不要将关系较好的小球员分到同一个小组，避免两人在练习时聊天；不要将男女分开为一组，给小球员创造公平沟通合作的机会。

四、鼓励小球员之间进行合作

给出具体的目标或奖励后，教练应引导小球员为了达到共同的目标而一起努力合作。

为完成分组，第一步，教练要给出一个具体的站队标志物，并取一个形象的名字，如果用标志桶标记，红色代表苹果队，黄色代表香蕉队，蓝色代表蓝莓队，绿色代表西瓜队，这样既能吸引小球员的注意力，又能帮助他们迅速找到自己的队伍。第二步，教练应使用清晰统一的指令，以便让各小组尽可能快地成形。在规划活动时，教练可确定每个人在哪个小组，并通过下述指令形成小组。

- "两人一组一个球，面对面站好，有球的站边线，无球的站呼啦圈里"。
- "每三人一组，每组一个球"。
- "在底线站成四列"小火车"（四路纵队）"。
- "每三人一组，共分四组，每组站在半场的一个角落"。

3 精讲多练

本部分详细解答如何精讲，以及讲和练如何协调，从而增加练习时间。

一、如何去讲

（一）言简意赅，指令明确

精讲不是不讲，而是要精简地讲。例如，"球落点在脚的外侧，并用手指拨球，使球旋转"。

（二）量化标准，目标明确

讲的过程要有目标，并且能有一个量化的目标让小球员去执行。例如"传球时手和脚要同时向前发力，每个人完成 10 次传球"。

（三）提问艺术，事半功倍

采用问答的方式可以激发小球员思考，让他们更容易理解动作要领，因为他们自己思考后说出动作要领比单纯地听教练说更加高效，这不仅能了解他们对技术动作的理解或疑惑，还可以集中他们的注意力。示例如下（以运球活动为例）。

教练："请问谁会运球？"

球员："我会！"（踊跃举手）

教练："那么怎样运球更有力？"

球员："小屁股'坐凳子'，手臂打开。"

教练："我们左右手分别运 10 次，看谁最有力气！"

二、讲和练如何协调

（一）先讲后练

先讲后练是常用的一种方式，在开始一项活动或教授一个技术动作前，曙光教练常常会先讲解动作要领、目标次数、注意事项、活动分组等，然后组织小球员开始练习。这种方式对教练的控场能力、语言的简练和对重点的把握要求比较高，教练必须在 15 秒左右把这些说完（保证语调清晰），否则小球员容易走神。实际上，很多教练难以在这么短的时间里讲解完上述内容，更不用说讲解是否清楚，小球员能否领会。所以常常会出现"费力不讨好"的现象。

（二）先练后讲

这种方式也称"探索式教学法"，即小球员先自己尝试技术动作，然后再向他们讲解动作要领。此种方式能遵循小球员活泼好动、注意力集中时间短的特点。例如，在投篮活动中，教练可以先让小球员尝试用自己的方式将球投进篮筐里，教练再讲解投篮的动作要领。

注意事项

1. 限定范围，防止混乱。在指定的地方尝试投篮或运球，这样能防止场面混乱，避免出现被球砸到的安全隐患，例如，"在呼啦圈里投篮，前面的人投完篮，抢到篮板后，后面的人才能投"。

2. 规定量度，完成回位。允许小球员尝试但必须规定有一定的量度（次数 / 组数）和回位的地方，这样小球员知道自己的次数用完后回到什么地方等待，不会造成一直尝试而没有目标的现象。例如，"每人尝试 3 次投篮，完成后回到边线站好"。

（三）边练边讲

这种方式相对于前两种方式的特点在于，在练习的过程中向小球员强调动作要领。首先让球员尝试即将要教的技术动作，尝试后停几秒，教练强调要领后继续练习，然后教练再强调其他要点。例如，在运球教学中，教练可以让小球员尝试左右手分别运球 10 次，然后强调降臀屈膝后左右手再分别运 10 次，运完后强调大臂打开增加力量，抬头观察前方，然后再次练习。

注意事项

1. 一次强调的要点不宜过多，一到两个即可。

2. 要点强调要从大方面到小细节，例如，投篮先抓整体发力的连贯，再强调手肘动作）。

3. 及时表扬、鼓励。对孩子的付出和努力要及时地给出表扬和鼓励，以便在接下来的练习中更加有效。

4. 对比竞争，以点带面。例如，"我表扬小明，因为他运球时降低重心，我看接下来谁比他做得还好"。

在幼儿篮球活动中，教练一次好的讲解应该使人知、使人动、使人激、使人乐。使人知，就是使小球员听懂；使人动，就是让他们听懂后能立刻动起来；使人激，就是充分调动他们的积极性；使人乐，就是为他们营造一个轻松愉快、气氛活跃的训练环境。

4 高效反馈

皮特·温特博士强调反馈的重要性："有两件事对于技能发展和个人表现而言是远比任何其他事情更为重要的，这两件事是练习和反馈。两者缺一不可，缺失一件，另一件就是无效的，在某些情况下是完全没用的。"

一、什么是反馈

反馈又称回授，是系统与环境相互作用的一种形式。在系统与环境相互作用的过程中，系统的输出成为输入的部分，反过来作用于系统本身，从而影响系统的输出。反馈根据对输出产生影响的性质，可区分为正反馈和负反馈。前者增强系统的输出；后者减弱系统的输出。以人体的反射活动为例：当刺激（输入）作用于感受器之后，神经兴奋沿传入神经传递给大脑中枢，再沿传出神经控制效应器的活动（输出）；效应器的活动情况又作为刺激信息（输入）返回作用于感受器，进而通过大脑中枢的调节影响效应器的活动（输出）。利用反馈，将学习结果及时提供给学习者，可增进反应效果。

二、反馈有什么作用

（一）反馈有助于教练检验和证实教学效果。检验和衡量教学效果最直接、最真实、最权威的标尺和最可靠的依据是反馈。离开反馈，就不能谈教学的效果。

（二）反馈有助于教练改进和优化下一步的教学内容、教学形式和教学方法。改进和优化教学，既是反馈的目的，也是寻求和接受反馈信息后理应采取的行动。

（三）反馈能够激发接受反馈者的热情。当接受反馈者获得的反馈信息具有赞扬、鼓励和期望的性质时，他就会提高积极性。当然，如果反馈信息具有批评、贬损、讽刺、嘲弄的性质，那么也会给接受反馈者以较大的打击。

（四）反馈有助于教练检查具体事实的真实度和准确度。如果从反馈的信息中得知真实性和准确性还不够，那么就要设法在下一步予以适当弥补、完善，使之逐步逼近真实，达到准确。

三、如何反馈

有效反馈是一门学问，它包含了很多智慧。有效的反馈是帮助学员成长的决定性因素。反馈的艺术成为教练成功的关键。好的反馈应该包含以下 3 个原则，即"KSH原则"。

K（Kind——友好）：反馈应该是友好的，因为友好的反馈更容易让人接受。

S（Specific——细节）：反馈不要只用"你真棒""非常好"等这类宽泛的赞美之词，好的反馈应该是表扬具体的细节，例如，"运球时球能准确落在脚尖的外侧""投篮手准备动作掌心朝前做得很好！"。

H（Helpful——有帮助的）：这个更适用于负面的反馈，也就是说，我们提起不好的或者不满意的反馈时，不仅要提出具体不满意的地方和原因，也要给出建设性、具体的和有帮助的意见，例如，"运球'坐凳子'（降重心）做得很好，如果能抬头观察就更棒了！"

下面给大家分享 13 种具体的反馈方法，供教练们学习和借鉴。

（一）3C 原则（Compliment 表扬，Correct 更正，Compliment 表扬）也称"三明治"原则。例如，"今天你在比赛中传球非常无私，注意把握好传球的时机就更好了。这会儿传球时机的把握就比前面好很多，保持耐心！你会更棒"。

（二）反馈要考虑学生的个性化区别。每个学员都是不同的，有些学生需要更多的鼓励，而有些学员需要多一些压力才能有所突破。所以根据学生的不同情况，教练给出的反馈也应该不同。

（三）学员只有在教练的反馈中知道自己的优劣势，才能有更好的表现和成长。教练在反馈时，可以通过回答以下四个问题达到这个目标。

· 学员可以做什么？

· 学员不能做什么。

· 相比其他人，学员做得怎么样？

· 学员还能怎么做才能做得更好？

在与家长的沟通中，教练也可以采用以上结构以提供清晰的反馈。

（四）反馈可以是多种形式的，包括言语形式、非言语形式和文字形式。例如，向他们竖大拇指，击掌，摸摸他们的头。

（五）反馈是具体的。教练给小球员的反馈一定是清晰的，很模糊的"做得真好"远远没有"你投篮后长颈鹿动作（手部姿势）保持得非常好！"更有价值。

（六）教给学员正确反馈的方法。教练引导学生通过同伴学习和合作学习等方式，让学员小组评估和同伴评估，并将有效反馈的原则和方式教给学员。这样不仅可以培养学员共同成长进步的文化，也让他们了解如何给予和接受反馈。

（七）记录学生的反馈。教育是一个长期艰巨的过程，教练只有及时跟踪并记录学员的变化，才能给出更准确的反馈。另外，教练要学会用"我注意到……"这样的句式。例如，"我注意到今天你在同伴摔倒时主动将他搀扶起来，很棒！""我注意到你今天帮助其他小朋友规范投篮动作"等，让学员知道他们的变化和成长是可以被教练看见的。

（八）提供榜样和案例。想要学员取得进步，教练就要把反馈的规则和机制清楚地告诉他们，并同时提供正面和反面案例。这样，学员才更明确地知道自己的目标是什么。当然正面案例和反面案例并不是公开表扬和批评谁，过程可以是匿名的。

（九）真诚的表扬。当教练给出好的反馈和表扬时，必须是真诚的、有仪式感的。如果教练总是表扬，并且是随意的，那么久而久之表扬就不被重视了。所以当教练表扬学员的时候，态度要真诚。

（十）有效地利用一对一反馈的机会。每个学员都希望自己可以受到教练的重视，所以教练要定期安排学员一对一的反馈——不是针对好学生和不好的学生，而是让每个学生都得到这种机会。哪怕只有 10 分钟，这样的反馈机会对于他们而言也是很大的鼓励。

（十一）个别问题单独说，集体问题统一说。不"因小失大"，个别小球员出现问题时，避免叫停整个训练，对其进行个人的反馈。如果出现普遍问题时，可以叫停训练进行统一纠正。

（十二）保持耐心。不要刚出现错误就叫停整个活动，允许小球员犯错。教练应观察球员是否了解自己应当做什么及技巧的应用熟练程度。

（十三）让球员给教练反馈。反馈不仅是相互的，更是一个学员不断成长的必要条件。教练也要不断成长和进步，所以给球员向教练反馈的机会。反馈过程可以是匿名的。通过反向反馈的机会，教练可以给学生树立一个虚心向学的榜样，也让学生感受到教练的重要性。

任何人都不是独立存在的一座"孤岛"。我们的孩子和学生，更是在老师和家长的反馈中成长起来的。教练要意识到，在提供反馈的时候，要做到高效的、高级的反馈，从而让球员在反馈中审视、反思、吸纳、蜕变——变得越来越好！

5 多听少说

"沟通不是指你说的东西，沟通是指别人听到的东西"。这句话适用于很多领域，篮球教学也不例外。特别是对于执教小球员来说，如何让他们在有限的注意力集中的时间里尽可能多地吸收教练所传达的信息是高效训练的必备技能。

教学是一种倾听，学习是一种交谈。每个教练都希望球员认真听他讲话，要让球员做到这点，教练首先得学会倾听球员的表达。在执教幼儿篮球之初，教练常急于向小球员传达技能要点和注意事项，忽视了他们真正能吸收多少，经常出现口干舌燥、喉咙沙哑，造成"费力不讨好"的现象。究其原因，就是说得太多而听得太少。教练必须通过观察小球员的反应（语言、动作、神态等）来发觉他们理解了多少或者有哪些疑惑，只有这样，教练才能"对症下药"。

很多教练在教学中常用的做法是观察容易出现问题的情况，然后简单地重复之前已经给出的指导，然后再次进行观察，直到相同的情况再次发生。教练应该怎样打破这种循环并真正了解是什么原因导致出现这样的问题呢？提问激疑、循循诱导的方法或许是解此疑问之道。

利用提问诱导的方式可以让球员思考自己没有理解或理解有误的地方。因为有时球员可能认为他们正在做的是对的。提问诱导，简而言之就是不能用"是"或"否"来回答问题，而是需要提供更多的信息。

例如，第一种提问：

教练："我们投篮时是不是小屁股要'坐凳子'（降重心）呢？"

小球员："是。"

第二种提问：

教练："请问投篮时双腿应该怎么做？"

小球员："双脚打开与肩同宽，小屁股'坐凳子'（降重心）。"

第一种提问教练直接把答案告诉了小球员，而第二种提问是让小球员经过自己的思考而得出答案。显然，第二种提问更能激发他们主动思考的积极性，让他们更加牢固地掌握要点。

再比如，在一次2打1的快攻中，传球被防守球员拦截掉，失误原因是防守球员处于传球路线上，而且更靠近快下的队友。

沟通方式一：

教练："你知道2打1的传球规则吗？"

小球员："知道"。

教练："那我就不明白你为什么传出那个传球，你没看到那个防守球员很可能抢到球吗？"

小球员："我不知道"。

很明显，这种沟通方式不能使球员思考并解释错误是如何发生的。教练也没有相关的信息帮助球员纠正这个错误。

沟通方式二：

教练："你能看到哪些球员？"

小球员："我正往篮下运球，小东正在左路跑动。在我前面有一个防守球员。"

教练："那好，防守球员在做什么？"

小球员："他们在关注在我前面的小东。"

教练："你能在白板上画出防守球员的位置吗？"

小球员：回忆刚才的情景并将图画了出来。

教练："防守球员是不是处于你们传球路线上？而且更靠近小东？"

小球员恍然大悟："是的。"

教练："这时你会怎么做？"

小球员："如果是那样我会选择攻击篮筐。"

这种沟通方法能够引导小球员发现自己的问题所在，同时教练也能清楚地知道球员到底是对什么环节有疑问，从而让他们认识到问题并改进。教练将很快发现，问球员"为什么？"是非常有价值的，而不是由教练讲"是什么"。例如，一个球员可能传出了一个糟糕的传球（是什么）。若是教练这样问："你为什么传球给那个球员？""对方防守球员在哪里？""还有其他传球机会吗？"则教练将会了解到球员错在哪里。

以下为一些可用于练习多听少说沟通技巧的原则。

·倾听不只是不说话。积极思考球员说了什么或问了什么。

·让别人说完，然后暂停。尽量控制自己，不要在别人问完之前回答他们的问题。在别人说完后停顿一两秒时间，看看对方是不是要继续说话。

·帮助球员找到答案，而不是简单地回答问题，问球员其他问题以帮助他们来发现答案。这可能意味着将一些概念细化成一些小的部分，或是问一些类似的问题，然后帮助他们举一反三（例如，问一个关于半场防守概念的问题，然后他们会应用到全场）。

·谈话重点应是球员，而不是教练。谈谈自己有过的经验有助于教练与球员建立密切关系，但这类话不要说得太长，而且不要跑题。若球员有问题，应尽量回答。

·若有必要，慢慢来。在回答一个问题前，花几秒钟组织一下你的想法。若在训练中的某个特定时间点你没时间回答问题，应跟球员解释说明你会在训练后跟他们继续讨论这个问题。然后在训练结束后继续找到这个球员并回答之前的问题，而不是等球员来找自己。

第 **5** 章

细节决定成败
——幼儿篮球执教须知

幼儿篮球活动中的器材是必要元素，教练必须理清器材的使用细节和管理方法。管理和使用得当不仅能保证活动有序进行，还能规避一些意外情况的发生。本章节对幼儿篮球活动中常见的篮球、标志桶、呼啦圈、轮胎、标志物、粉笔、杯子垫等器材的管理和使用进行讲解。

第一节　器材的管理和使用

1 篮球的管理

在幼儿篮球活动中，除了要把小球员管理好，篮球的管理也不容忽视。篮球管理得好，一节课将"畅通无阻"，管理得不好，小则浪费时间，大则出现安全事故。因此，曙光教练将从训练前、训练中和训练后为读者讲解篮球的管理方法。

一、训练前

小球员来到球场的第一反应是找球，然后在球场上飞奔、抛球、追逐、运球、投篮等。总之，他们就像脱缰的野马，完全沉浸在自己的世界里，如果不加以控制，教练将很难将他们带入接下来的课堂中。所以，训练前篮球的管理是一节课的开端，重要性不言而喻。曙光教练建议：

（一）把球放在统一的位置，用装球的框子、球袋或指定一个角落；

（二）纳入球队规则，未经教练允许不能拿球。

二、训练中

热身活动结束后，教练通常会进行有球活动。有球活动可分为发球、用球和收球三个部分。首先发球过程中通常会遇到下面几个问题。

问题一：小球员会争着要颜色比较鲜艳的篮球（如果篮球颜色不统一通常会出现这种情况）。

对策：（一）如果有个别篮球的颜色不同且被争抢，提前说明这种球仅限教练使用；（二）作为"奖励"，接下来的活动中谁最认真，谁就可以用这个篮球。

问题二：小球员拿到球后会不自觉地玩球（抱球跑、抛球、运球、投篮、滚球、转球等），导致场面混乱，可能还会出现撞到或被球砸到的危险。

对策一：教练在将球发给小球员们之前，应制定以下拿球规则。

（一）拿到球的小球员需要在边、底线上或指定的地方站好。

（二）站到规定的地方不能玩球，要抱好。

（三）如果违反规则，教练将会把球没收。

对策二：拿到球后，玩球是小球员们的天性，包括青少年或成人球员拿到球也会不自觉运球或投球，也可以采用以下方法。（一）拿到球后可以运球，但不能投篮（人多筐少，容易被球砸到）；（二）教练吹哨后要迅速回到白线站好（可以用倒计时增强回线的紧迫感）；（三）如果没有遵守规则，球将会被没收；（四）对于最快回到白线的小球员可以奖励投篮一次。

问题三：个别小球员会出现将球垫在臀部下面充当板凳，用脚踩着球或用脚踢球等行为。

对策：（一）教练应在第一次活动课时，就要对小球员们讲明规定，这些不尊重篮球的行为是坚决禁止的，并与他们一起遵守；（二）若违反规定，就要受到严重的"惩罚"（例如一节课不能用球、不能参加今天的比赛环节、不能玩今天的某个游戏等）。

问题四：用球的某个环节结束，下一个活动内容需要先进行无球的训练做铺垫（例如球性内容结束，接下来要进行投篮技术的练习，在这之前先做徒手的投篮训练），但是收球后再将球发给小球员又太浪费时间，如果命令小球员将球放在地上，球会到处乱滚，也可能在小球员起跳时因踩到球而发生意外。

对策：（一）尽量避免出现这种情况，在设计教案时，避免从有球到无球再到有球的交替练习；（二）若无法避免，则需要将球放在能固定球的地方，防止球随意滚动，例如：放在各自脚下的呼啦圈里，向前／向后走三步保持一定的距离，若墙边有凹槽，也可将球统一放在墙边凹槽内。

三、训练后

活动结束后，需将球收回，不管是将球放进网兜还是球车，小球员们总是喜欢抓住这次机会展示自己的投篮技术，甚至间隔 2 ～ 3 米就将球投过去，企图将球投进，这样通常会出现以下情况：

• 球投进去，立刻就有其他小球员效仿，球将滚得遍地都是；

• 球投不进去，可能会弹得很远或者砸到其他放球的小球员。

对策：教练在收球之前提前强调放球规则。

（一）把球轻轻地放进球兜或球车，不是投或扔。

（二）走过去而不能跑过去（防止拥挤导致碰撞和摔倒）。

（三）如果违反规则要承担相应的后果（做 10 个小兔子跳、取消下一个游戏资格等）。

2 站队标志物使用指南

小球员的空间感、距离感和身体的自控能力较弱，在篮球活动中，常会出现出发前教练把小球员的间距调整得很好，但在做动作时间隔就会越来越小，甚至挤在一起。为顺利开展活动和避免碰撞的发生，教练被迫重新调整小球员的间距，循环往复，时间不知不觉地就被浪费掉了。对此，教练们通常会用一些标志物固定小球员的位置，使他们保持合适的间距，明确起止点。这样不仅能大大降低碰撞、绊倒的发生概率，而且也更方便做动作，从而减少整队的时间，提高活动的效率。那如何选择站队的标志物？应该注意哪些事项呢？

首先，要根据篮球场的地板材质来选择用实体的标志物（呼啦圈、杯子垫、标志桶……）还是用粉笔画的图案。如果是光滑的地板，则可用实体的标志物，如果是颗粒塑胶材质，则可用粉笔标记。每种标志物都有各自的优缺点，下面对常见的几种标志物进行讲解。

一、呼啦圈、标志桶

幼儿篮球活动最常用的标志物就是呼啦圈和标志桶，这种器材常用于地面不光滑和无法用粉笔做标记的地面，见图 5.1.1。教练将呼啦圈 / 标志桶摆在地上，间隔好合适的距离，然后每个小球员双脚站在呼啦圈里或标志桶后面。使用呼啦圈和标志桶常会出现以下问题。

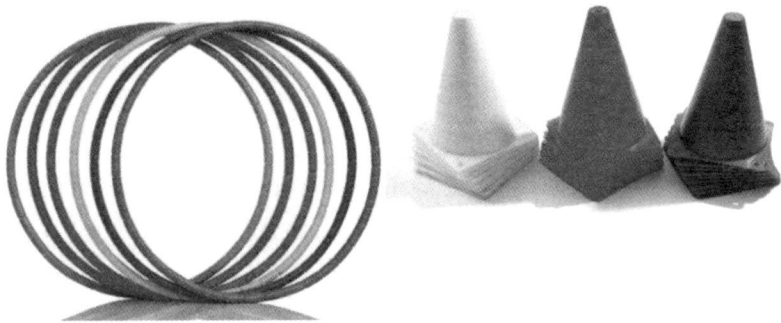

图 5.1.1　呼啦圈和标志桶

问题一：小球员会争着要自己喜欢颜色的呼啦圈或标志桶，有时还会发生争吵。

对策：

（一）尽量用颜色统一的呼啦圈或标志桶；

（二）如果颜色不能统一，则不能给他们选择的机会。教练提前规定"教练给到哪一种就是哪一种，不能挑，否则就没有了"。

问题二：他们会被呼啦圈或标志桶吸引，踢呼啦圈或标志桶、拿起来在手中玩耍。

对策：

（一）教练提前制定规则——呼啦圈或标志桶放在地上不能用手拿起来，若拿起来，则会被没收；

（二）用形象的话语引导孩子，例如，这个"甜甜圈"（呼啦圈）/冰淇淋（标志桶）只能放在地上，如果拿起来就会"融化"；

（三）如果有小球员无视规则和指令，仍拿起呼啦圈或标志桶玩耍，这时一定要按照规则执行，如果不制止，课上拿起来玩耍的情况将会越来越多；

（四）动作设计时尽量加几个拿起呼啦圈或标志桶的动作，在可控范围内满足他们的欲望，例如双手拿起呼啦圈在胸前"开小汽车"跑过去跑回来。这种适当的动作设计，可以达到"解馋"的目的。

问题三：容易滑倒，呼啦圈通常是塑料材质，比较偏硬。特别是在室内地板比较滑的情况下，小球员做动作容易踩到呼啦圈上，造成危险。

对策：

（一）呼啦圈使用一定要在不光滑的场地上使用；

（二）强调做动作回来，快靠近呼啦圈时"刹车"（降重心减速）。

二、杯子垫

杯子垫的好处在于任何场地都能"驾驭"，而且体积小、贴合地面，相对于呼啦圈和标志桶，小球员更少可能将其拿在手里玩耍，见图 5.1.2。在使用杯子垫时要注意以下几个事项。

图 5.1.2　杯子垫

·杯子垫之间的距离不能太小，左右间隔距离要控制在 30 厘米左右，确保小球员有足够的空间做动作。

·教练提前制定"未经教练允许不能将杯子垫拿起来，否则没收"的规则。

三、粉笔

使用粉笔画标记的前提是该地面做的标记要显眼，且不易被抹掉。粉笔标记的优点是不会像呼啦圈或标志桶一样被拿起来玩，也能有效避免踩到而滑倒，而且可以画一些小球员喜欢的图案（圆形、脚印、三角形、五角形、箭头等），见图 5.1.3。但在使用粉笔标记时要注意以下问题。

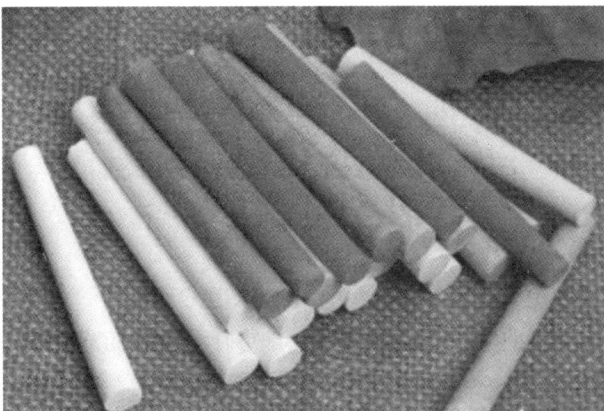

图 5.1.3   粉笔

·粉笔颜色与地面颜色有明显的反差，这样可以使标志物更醒目。

·画的图案痕迹尽量深，防止由于踩踏图案变淡消失。

·画的图案数量应该比实际人数多 2 ~ 3 个，这样能确保小球员做动作回来快速找到站位，而且能有效避免争抢的情况。

·图案尽量简单，一是方便来回踩踏颜色变淡后的补填节约时间；二是不会给小球员选择的机会（如果图案很炫酷复杂，他们通常会挑选那个他们认为画得最好的）。

·教练随身带一支粉笔，以便需要时及时补画。

·剩下的粉笔头不要放在球场内，一旦被球员们发现，篮球活动将变成美术课。

3 轮胎的使用与管理

轮胎是幼儿篮球活动中常用的辅助器材之一，无论是体能活动，还是技术活动，都是很好的辅助器材，且轮胎圆形、可滚动的特点倍受小球员的青睐。但是，在活动中对轮胎的使用和管理也要加倍注意，规避意外发生，提高篮球活动的效率。曙光教练从分发轮胎、使用轮胎和整理轮胎三个环节来讲解轮胎的使用和管理。

一、分发轮胎

曙光教练常用的分发轮胎的方式有两种：第一种是教练提前将轮胎摆放在球场上，指定每个小球员去拿对应的轮胎，这种方式通常适用于小班到中班上学期的小球员；第二种是允许小球员自己去轮胎点拿轮胎，然后滚到球场指定的位置，这种方式适用于中班下学期到大班的小球员。两种方式都有需要的注意事项。

第一种方式注意事项

1. 教练要提前将轮胎搬运到活动场地旁边，以便在使用轮胎环节能在最短的时间内将轮胎摆放好。

2. 由教练指定每位小球员使用哪个轮胎，避免发生争执的现象。

3. 轮胎左右之间至少要保持两个轮胎的距离，确保做动作有足够的空间。可用粉笔在地上提前标记好位置。

第二种方式注意事项

1. 注意防止小球员"一窝蜂"地跑过去拿轮胎，要求小球员排队依次拿轮胎。

2. 提醒小球员不能挑选轮胎，必须在 5 秒以内选定自己的轮胎。

3. 用滚的方式将轮胎搬运到指定的地点，而且速度不能太快，保持轮胎伸手就能控制，不能使劲用力将轮胎不受控制地向前推。

4. 用粉笔或标志物提前标记好轮胎摆放的位置，控制好轮胎左右的间距。

二、使用轮胎

轮胎在幼儿篮球活动中使用广泛，无论是体能练习、技术练习，还是篮球游戏都能结合轮胎进行。下面推荐几个体能训练的方法。

训练方法 1："电梯升降"

动作要领：站在轮胎内，屈膝双手内旋抓住轮胎内侧。上提轮胎时后背保持挺直，核心力量收紧，臀部翘起。上升至身体呈直立姿势，再轻放慢下将轮胎放到地面（图 5.1.4 和图 5.1.5）。

图 5.1.4　下蹲　　　　　　　　图 5.1.5　提起

训练方法 2："开飞碟"

动作要领：双手内旋抓住轮胎中部位置（内侧），保持轮胎平衡，手臂微屈用力将轮胎提至腰部。行走时注意保持身体平衡，控制脚步由慢到快，先小步走，熟练掌握后可提速，并根据练习进度控制跑步速度。要提醒小朋友注意避免轮胎滑手掉落把自己绊倒而造成受伤（图 5.1.6）。

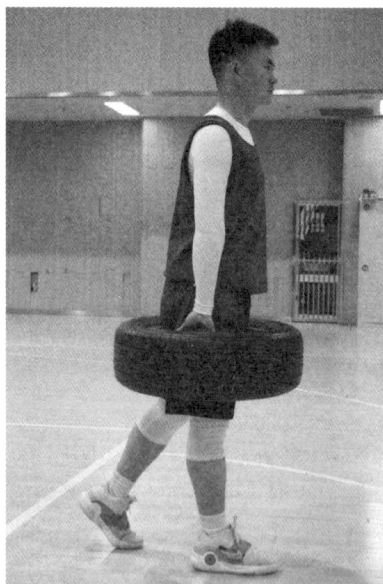

图 5.1.6　"开飞碟"

训练方法 3："翻跟头"

动作要领：将轮胎平稳放好，双腿弯曲，后背保持挺直。双手自然分开，掌心朝上同时置于轮胎下方，用力将轮胎向前翻动推倒。翻动轮胎时提醒小球员蹬的同时双手用力，动作迅速，一气呵成（图 5.1.7 和图 5.1.8）。

图 5.1.7 下蹲、手掌放置轮胎下方    图 5.1.8 翻动轮胎

训练方法 4："小拖车"

动作要领：双脚打开，膝盖弯曲，双手同一方向抓住轮胎的内侧（后拉姿势）。后拉轮胎时保持双脚向后蹬地，双手同时向后用力拉。同理，向前推轮胎就变成"小推车"（图 5.1.9）。

图 5.1.9 "小拖车"

训练方法 5："大肚皮"

动作要领：双手将轮胎竖立，抓紧轮胎内侧用力提起。借助腹部力量把轮胎向前顶出，抱紧轮胎避免碰撞大腿。行走时不要左右摇晃，在控制好身体的前提下保持轮胎相对稳定。这个动作相对较难，抱起轮胎力量集中到上肢，需要一定的力量基础。也可以退阶训练（两个小朋友"小蚂蚁搬家"）或进阶训练（双手各提起一个轮胎）（图 5.1.10）。

图 5.1.10   "大肚皮"

注意事项

1. 先进行克服自重训练，再进行较轻的负重训练。

2. 强调好动作细节，正确的重复才能事半功倍。

3. 根据幼儿不同年龄阶段合理安排训练的动作和负荷量。

4. 本着循序渐进原则，合理把控负荷量。

三、整理轮胎

轮胎使用完毕后如何将轮胎有序地整理摆放也是不能忽视的，这样能为接下来活动节省时间，同时也能防止碰撞、摔倒的情况发生。

首先，教练要用趣味性的语言描述，让小球员乐意将轮胎送回去。例如，"把小汽车停到原来的停车位里面""小汽车（轮胎）没油了，我们需要把它开到"加油站"（轮胎摆放的区域）里"加油"。其次，教练要强调以下内容。

· 只能采用走的方式将轮胎滚回去，不允许跑。

· 轮胎依次摆放过去，不允许抢位置。

· 轮胎放回后回到白线上站好。

最后，教练要及时表扬做得好的小球员，并对做得不太好的小球员提出建设性的建议。

第二节 幼儿篮球活动指南

篮球活动安排的一大难题就是在一些特殊时期和天气情况下如何安全、有序和高效地开展。例如，第一节篮球课如何让孩子快速接纳你？室内篮球课有哪些注意事项？夏季和冬季的篮球活动如何开展等。教练们可能都曾被此困扰，本节曙光教练梳理了如何在这些情况下开展篮球活动及其相关注意事项。

1 第一节篮球活动指南

教练担心第一节幼儿篮球活动，主要有以下四个原因。

· 不了解小球员们的情况。

· 不知道怎么和小球员沟通。

· 不知道教授什么内容。

· 预料不到会有哪些情况发生。

曙光教练从活动前、活动中和活动后解答如何上好第一节幼儿篮球活动，让小球员们喜欢教练，爱上篮球活动。

一、活动前

（一）询问老师球员的基本情况

新学期接手新的班级，执教新的小球员，最直接有效的方式就是取得班级老师的联系方式，及时沟通班级情况。具体内容包括人数、男女比例、姓名、年龄、运动能力、特殊孩子（身体缺陷、发育迟缓、疾病、爱打闹）等，提前了解这些情况，有助于教练提前设计活动的内容，做好突发状况的应对方案。如果第一节篮球活动就能叫出小球员们的姓名，会快速拉近你们之间的距离，加深小球员们对你的印象。

（二）一个动作，三个阶级

面对新的班级和小球员，从老师那里了解到一些基本的情况后，在教案设计上也要做好充分的准备。曙光教练采用的是"一动三阶"设计法，顾名思义就是一个动作三个阶级。例如，俯卧支撑摸肩膀的退阶可以是跪姿俯卧支撑摸肩膀，进阶可以是行进间熊爬摸肩膀。再如，抛接球动作，退阶是抛球落地一次接球，进阶可以是抛球击掌一次球不落地接住球。这样就相当于准备了三份教案，从而应对不同水平的学生。

（三）华而不实，化简为宜

华而不实的练习在幼儿篮球活动中屡见不鲜，一些教练为了显示自己的专业性，在训练中摆放各式各样的器材，以吸引小球员们的注意力，向家长和老师展现自己的专业性。这样做往往会适得其反，原因如下。

- 过多地使用器材导致摆放和回收花费更多的时间。
- 复杂的路线导致孩子无法快速理解，更谈不上执行。
- 器材使用过多，讲解时间也会过多，小球员们注意力易分散。
- 多样的器材会过多地吸引小球员们注意力，从而开始玩器材。

曙光教练建议每项活动使用的器材不超过两种，可以一种器材多种变化，提前构思好动作与器材的衔接。

（四）以球为主，定下基调

小球员绝不希望一节篮球活动的内容与篮球无关。他们对第一节篮球活动充满了期待，期待与篮球有亲密的接触，期待教练会带他们玩一些好玩的篮球游戏。篮球本身是一个很好玩的玩具，加上教练的引导，小球员们一定会期待下一次篮球活动。

（五）真正高手，必备绝招

第一节篮球活动要想让小球员们爱上篮球活动，准备一至两个"杀手锏"（指平时小球员们在篮球活动中特别喜欢玩的篮球游戏）必不可少，游戏内容一定要把安全放在第一位，简单易操作，同时带有竞争或合作性。有经验的教练都会积累一些好玩易操作的游戏，新教练则可以向有经验的教练请教。

二、活动中

（一）破冰暖场，直击心灵

小球员们肯定不希望第一节篮球活动就看到教练严肃地讲解篮球活动的规矩，热情和安全感应该是教练传递给小球员们的第一感觉。所以在正式开始篮球活动前，可以先用幽默的方式介绍自己，并给自己取一个小球员们喜欢的名字，例如你姓高，可以介绍自己是"蛋糕教练"；姓侯，可以介绍自己"猴子教练"等，总之让小球员们快速记住你。还需要和他们互动，例如击掌，或者做"照镜子"游戏（教练做什么动作，小球员们快速模仿等）。

（二）间隔固定，防止碰撞

第一节篮球活动千万不要只让小球员们站到白线上就行，一定要用具体的标志物间隔，这可以规避很多安全隐患。

（三）试探能力，循序渐进

第一节篮球活动小球员和教练都在相互了解和认识，按照教案设计的"一动三阶"，做几个动作后确定他们属于哪个阶段和水平，然后开展活动。循序渐进这个词在幼儿篮球活动中尤为重要。一般来说动作由原地到行进间，由走到跑，由单方向到多方向，由无球到有球进行设计。同时要时刻注意小球员身体、表情及其他反应，及时调整负荷量和间歇时间。

（四）情景带入，事半功倍

小球员的注意力易分散，集中时间短，长篇大论的讲解不可行，特别对小球员的情况不了解时更不能这样做。情景代入法讲解会事半功倍，只要故事情景设计得当，再加上幽默的语言和夸张的肢体表现，他们肯定会集中精力听讲。

（五）委派做事，愿意效劳

人与人之间增进感情的方式之一就是与对方有更多的联系，这同样也适用于篮球活动中教练与小球员们建立感情。教练可委派小球员协助做一些小事，并且他们也会非常乐意，例如帮教练回收标志桶、呼啦圈，协助教练给小球员们发球，帮教练拿网兜过来收球等。在小球员完成后，教练可以给予一些语言、动作和肢体上的鼓励，让小球员以后也愿意继续协助教练。

（六）高潮收尾，意犹未尽

第一节篮球活动如何收尾？答案是在主体部分的最后准备一个好玩的游戏。然后在小球员们玩得开心的时候结束，一是在课程最后阶段，小球员们的体能下降，如果继续下去可能会出现安全隐患；二是能增强小球员对下节活动的期待感，如果再加上一些暗示话语，更会让他们期待，例如"下节课教练准备了更好玩、刺激的游戏，你们想不想玩？那教练下次再来和你们玩"。因此，最好的收尾时机就是在小球员们意犹未尽的时候。

三、活动后

（一）帮助换衣服和隔汗巾，增进感情

活动最后放松整理结束，教练一定不要错过与小球员沟通交流的机会，帮助他们换衣服和隔汗巾，这样不仅会增加他们对教练的好感，而且教练也可在这个过程中与他们沟通，例如"你觉得今天的哪个游戏最好玩？""你还记不记得运球动作是怎么做的？""关于投篮动作你有什么不理解的地方吗？""你还记不记得我叫什么教

练？"等。从他们反馈的信息中了解他们这次活动掌握的程度及有哪些疑惑的地方。

（二）热情告别，下节课再见

最后热情地与班级老师和小球员告别，建议先跟老师告别再和小球员告别，一是可以把他们的注意力吸引到教练身上，做铺垫。二是让尊敬老师的品质潜移默化地影响小球员们。

（三）及时总结，制订计划

每次活动结束后一定要及时总结，此时教练对小球员们的基本情况和运动能力已经有比较深入的了解，及时总结不仅是为下一堂课做准备，而且有助于构建整学期的教学计划。

2 室内篮球活动指南

当篮球户外活动遇到一些极端天气（下雨或高温天）或幼儿园活动占用篮球场地时，我们就需要将篮球活动转移到室内开展。因室内会有一些桌子、凳子之类的物品占用空间，相对室外来说活动的空间更小。在室内开展篮球课，教练的首要职责就是为小球员创造安全的环境。

一、活动前

（一）提前15分钟左右将桌子、凳子等整齐地转移到教室的墙边，并且用软垫挡住桌子和凳子的角和边。

（二）凳子可以摆放在桌子的下方，这样不仅可以节约空间，而且能有效避免篮球滚到桌子下方因捡球而浪费时间。

（三）将教室合理地划分为休息区和活动区，水杯放在休息区并摆放整齐，这样能避免喝水时找水杯浪费时间，同时也方便休息结束统一集合。

二、活动中

（一）组织形式。如果场地足够大，则可以采用边到边的组织形式，如果场地有限，则分组进行。但分组时应注意以下问题。

· 每组人数为4人左右为宜。

· 用标志物固定出发点和终点。

· 规定前面小球员出发到什么位置，第二个小球员才能出发，或者听到口令才能出发。

· 一定要讲解清楚来回的移动路线。

· 强调不能插队。

（二）间歇喝水。提醒小球员去喝水时或集合时要通过走的方式，不允许跑，避免跑动发生绊倒、碰撞和摔跤等意外。

（三）动作设计。少设计长距离冲刺急停动作，以短距离变向、变速动作为主。同时建议多设计基本技术的动作模式练习。

三、活动后

（一）篮球活动结束后提醒小球员将水杯放回自己的书包，然后从书包里拿出干净的隔汗巾或衣服来教室请教练和老师帮忙更换。

（二）教练需要将桌子和凳子摆回原来的地方，可以请小球员协助完成。

（三）教练离开时要热情地与小球员和班级老师告别，并感谢老师的协助。

3 夏季篮球活动指南

夏天是小球员们长身体的关键时期，合理的室外活动能促进他们的身体发育。那么教练如何在夏季为小球员安排有趣、科学的篮球户外活动呢？又有哪些注意事项呢？

一、活动前

（一）球员的着装要求

1. 在活动的前一天晚上，教练需要提醒家长为孩子穿宽松、轻薄、透气的服装，并且多带一套换用的衣裤（夏季篮球活动出汗量大，隔汗巾起不了太大作用）。

2. 穿篮球鞋或其他鞋底略硬的运动鞋（鞋底很软容易外翻扭脚），坚决不能穿运动凉鞋，否则不仅会限制小球员的活动，而且很可能会增加受伤的风险。

（二）活动位置的选择

1. 尽量选择在被树荫或高楼遮挡有阴凉的地方开展篮球活动。

2. 小球员的站位不能正对阳光，避免被太阳直晒。

二、活动中

（一）动作的安排

1. 动作持续时间不宜过长，建议持续 8 ～ 10 分钟，间歇休息 1 ～ 2 分钟。

2.规避涉及手部、臀部直接接触地面的动作，因为夏天地面被太阳炙烤得很烫，可能会对小球员的皮肤造成一定损伤。

（二）水分的补充

1.夏季户外活动出汗多，必须及时补充水分，一是要确保有足够的饮用水，除了小球员用自己的水杯装满水，教练也要和老师沟通用水壶装满水，以备给孩子添水。

2.喝水提倡"少量多次"，不要一次喝太多，否则会增加运动负担，造成运动不适的情况。

三、活动后

活动后避免冷热交替。

1.及时用干毛巾将孩子头上和身体上的汗水擦干，然后换上备用的衣服，避免感冒。

2.夏季户外篮球活动结束后一定不要让小球员直接进入已经开了空调的教室。因为运动结束后身体处于散热状态，人体内部产热快，皮肤的毛细血管大量扩张，如果突然遭遇到过冷刺激，体表已经开放的毛孔会突然关闭，造成身体内脏器官功能紊乱，体温调节失常，导致生病。正确做法是先不开空调，把窗户打开通风，小球员们进入教室10分钟左右，待体温慢慢恢复正常状态后再打开空调。

3.活动前后切忌喝冷饮，否则容易引起消化不良腹泻等情况。

4 冬季篮球活动指南

一、活动前

（一）搭配适当着装，保证训练状态

冬季开展篮球活动，困扰家长和教练的一大问题就是如何穿衣。穿少了担心受凉而感冒生病，穿多了限制肢体的活动范围。冬季穿衣应遵循三个原则："方便""好活动""好穿脱"。教练通常会在冬季篮球活动的前一天通知家长如何给小球员们着装，曙光教练推荐三层穿衣法，分别如下。

· 排汗层（紧身衣等贴身）。

· 保暖层（棉毛衣等）。

· 防风层（羽绒外套等）。

根据温度调整每层衣物的厚度。同时多给他们备一件马甲和秋衣。马甲的作用是在充分热身后，脱掉羽绒服和棉毛衣后套在秋衣外面；秋衣在训练结束后换用。这样搭配一是可以根据温度和小球员的身体感觉随时调整，二是避免厚重衣服限制小球员们的活动，三是暖暖又美观。

（二）活动补水不忽视，水温控制是关键

无论是冬季还是夏季开展篮球活动，及时让小球员们补充水分是不可忽视的环节。补水的次数和频率要根据天气温度和运动负荷调节。那么，冬季补水有哪些注意事项呢？

·保温杯必不可少。
·水的温度控制好，不能太烫，要确保随时能喝。
·避免不出汗就不用补水的误区。
·提醒小球员们不要一次喝太多，导致运动不适。
·补水的时间不宜过长，防止体温降低。

二、活动中

（一）呼吸方式的提醒

冬季开展篮球活动时一定提醒并教会小球员采用鼻式呼吸，即微张口呼气，用鼻吸气，同时注意呼吸与运动的协调性。迎风跑不宜张口呼吸，避免因冷空气刺激而引起上呼吸道炎症。

（二）活动强度的安排

冬季户外篮球活动非常考验一个教练的训练强度安排，如果设计得好，小球员们将会受益良多，反之可能会感冒生病。在冬季进行篮球活动，应避免"低—高—低—高—结束"这种交替的强度安排，多采用循序渐进"低—高—低—结束"的强度安排。这样做一是为了防止小球员们因温度冷热交替变化而感冒生病，二是为了使小球员们的情绪由低到高。

（三）间歇时间的把控

在冬季开展篮球活动，间歇时间的把控也是需要精密安排的环节，若间歇时间过长，小球员们的机体冷却后再动起来，大脑和身体需要重新唤醒，则练习的积极性会降低，甚至可能会有受伤的风险。所以冬季间歇时间一般为25~40秒为宜。根据户外或室内可做适当的调整。

（四）增减衣服时机的掌握

增减衣服时机掌握得当，可以有效降低小球员们感冒生病的风险。通常来说，一节活动会有两次减衣服，第一次在热身结束后脱掉最外层的棉服，然后换上提前准备好的轻薄背心。第二次在本节活动强度最大的环节前脱掉秋衣外的棉毛衣，然后穿上背心。当然具体什么时候脱和脱多少，还要根据训练的强度和小球员们身体的反应来调整。那么什么时候添衣服呢？一是间歇时间过长时，二是中途上厕所时，三是在主体部分内容结束，放松整理环节前。

（五）动作设计的人性化

这里所说的人性化简而言之就是要站在小球员的角度设身处地地设计动作。例如，冬季地面冰冷，手撑地面或臀部坐地会引起不适。动作设计要尽量避免这种情况的发生。

（六）放松整理的缜密

冬季篮球活动放松整理仍然是不容忽视的环节，首先需要添加衣服；其次要采用站立的静态拉伸或地面铺上软垫后再采用坐姿、仰卧和俯卧的放松动作；最后要"速战速决"，不要拖太长时间。如果天气温度太低，则可以转移到室内进行放松整理。

三、活动后

小球员们篮球课结束后会流汗，衣服和裤子会被汗水浸湿，更换衣物的速度和环境的温度非常重要。为了避免长时间等待，教练和班级老师需要通力合作帮忙更换，同时需注意男生和女生要隔开在不同的区域更换。更换衣物的地点要在教室内，并提前请老师打开空调或暖气，避免在走廊或室外更换。

第 **6** 章

幼儿篮球体能的基本理念和游戏化活动

《儿童运动技能发展金字塔》明确指出 0~3 岁是幼儿基本动作模式建立时期，4~6岁是发展儿童基本动作技能时期，而 7~12 岁则是发展少儿的基本运动技能。三者的关系是相辅相成的。幼儿阶段的孩子一般为 3~6 岁，所以设计动作时主要考虑基本动作模式的建立和以学习基本动作技能为主，为后续运动技能的发展做铺垫。

第一节　幼儿动作模式的发展与游戏化活动

基本动作模式是人体最原始的动作形式，是以后掌握动作技能和实现运动表现的基石。基本动作模式区别于基本动作技能，是基本动作技能形成的基础，动作模式和动作技能服务于运动技能（图 6.1.1）。

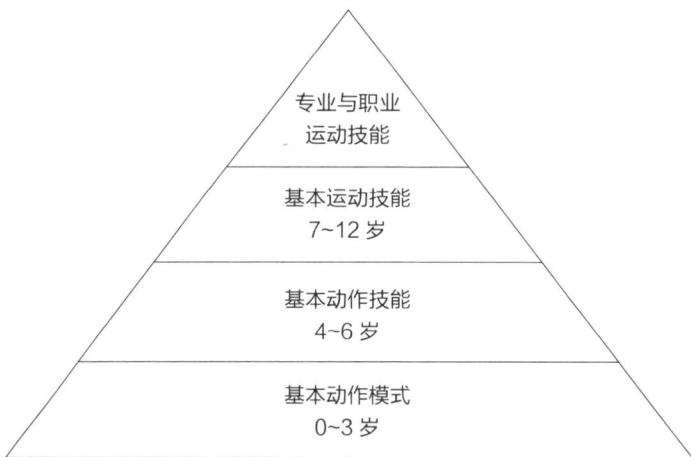

图 6.1.1　动作发展金字塔

一、什么是基本动作模式

正确的动作模式是指关节在正确的位置上，形态符合其力学特性，力的产生和传导高效。简单来说，动作模式就是符合人体解剖，习惯规律的动作。

二、基本动作模式有哪些

基本动作模式是人类动作发展金字塔的底基，是人类学习所有动作的基础，正确的动作模式不仅影响人们的日常生活，在运动健身中也是至关重要的。人体基本动作模式主要包括下蹲、弓箭步、步态、弯腰、转体、提拉、推撑、上举、攀爬、翻滚，见表6-1-1。

表6-1-1　基本动作模式

基本动作模式	日常生活实例	运动健身实例
下蹲（半蹲和深蹲）	坐下／站起	前、后下蹲
弓箭步（前后和左右）	上楼梯／跳跃	前、后弓箭步
步态	行走／跑步	冲刺跑
弯腰（体前、体侧）	弯腰捡东西	腰背提拉
转身（左、右）	转身取物	斜拉练习
提拉（向上、向后、斜向）	拉小车	坐、立拉练习
推撑（向前、向下）	推小车／支撑跳	俯卧撑
上举（胸前、头上）	上取皮球	哑铃上举
攀爬（前后、上下）	爬台阶	动物爬行练习
翻滚（左右、前后）	地上、床上翻身	体操运动中的各种翻转练习

三、不正确的动作模式有何影响

（一）会对动作技能发展造成不良的影响，导致不良运动姿态。

（二）本体感觉能力下降，增加受伤风险。

（三）导致原本肌肉协调能力降低，超负荷运转，导致身体多部位出现损耗。

四、幼儿动作模式游戏化活动方法

动作模式涵盖内容较多，本部分以下蹲、弓箭步、翻滚、推撑四种动作模式为代表，介绍活动方法的设计思路。

（一）下蹲

1. 游戏案例：火箭发射（图6.1.2）

所有小朋友在球场中随意跑动，当听到教练喊"变身"时，所有小球员"变身成火箭准备姿势"（双脚打开与肩同宽，屈髋降低重心，十指掌心相对，手指向上置于胸前），当教练喊"发射"，所有小球员蹬腿伸髋起跳，同时双手向上冲出去。

图 6.1.2   "火箭发射"

2. 动作要领

（1）下蹲时保持膝盖脚尖方向一致。

（2）脚后跟不要抬离地面，膝盖不要超过脚尖。

（3）下蹲时屈髋降低臀部然后弯曲膝盖，不要用膝盖主导降低。

（4）背部保持直立，胸口对准前方，眼睛目视前方。

（5）起跳时发力向上，积极摆动双手助力。

（6）落地时屈髋屈膝，双手后摆卸力。

3. 注意事项

（1）教练最好带着小球员一起做，这个阶段的孩子善于模仿。

（2）动作配合口令效果会更佳，例如"火箭发射"动作，教练喊：火箭——蹲下，发射——起跳。

（3）动作安排一定要循序渐进，例如从原地的蹲起到原地的蹲下向上跳，先学会落地再学习起跳等。

（二）弓箭步

1. 游戏案例：飞机变大炮（图 6.1.3）

小球员站成一排，教练吹第一声哨变成"飞机"姿势（前弓步，双手侧平举，十指伸开，手掌朝下），教练吹第二声哨，小球员则变身成"大炮"（双手握拳前平举），当听到教练喊上、下、左、右对应的口令时，则向对应的方向"开炮"（双手握拳平举对应口令的方向转体）。

图 6.1.3 "飞机变大炮"

2.动作要点

（1）双脚的脚尖指向前方。

（2）后腿伸直，前腿膝盖不能超过脚尖。

（3）胸口正对前方，眼睛目视前方。

3.注意事项

（1）教练最好带着小球员一起做，这个阶段的孩子善于模仿。

（2）动作配合口令效果会更佳，例如"飞机变大炮"动作，教练喊：飞机——弓箭步双手侧平举，大炮——弓箭步双手握拳前平举。

（三）侧滚翻

1.游戏案例：运"西瓜"比赛

（1）将小球员平均分成几组，每组用软垫铺成一条直线，即运输"西瓜"的通道，起点处放一个篮子，并装入相同数量的篮球，终点放置空篮子。

（2）小球员横躺在软垫上，双手伸直抓住篮球准备，听到口令后沿着软垫侧滚翻。

（3）到终点后，放篮球于空篮子中，从软垫旁跑回来与下一位出发的小球员击掌，最快将"西瓜"全部运输到对面的小组获胜。

2. 动作要领

（1）双腿伸直夹紧，同时收紧腹部。

（2）双手贴住耳朵向上举，双手发力抓住球。

3. 注意事项

（1）应避免儿童在侧滚翻时出现偏离软垫的现象。

（2）避免儿童因翻滚时间过久出现眩晕现象。

（3）软垫应有足够的厚度和柔软度。

（4）淡化输赢，强调动作的规范性和趣味性。

（四）前滚翻

1. 游戏案例：刺猬搬家

（1）将队员平均分成 3~4 组，每组 3~5 个人为宜。

（2）用软垫铺设 8~10 米的直线轨道，每个小组呈一列纵队站在软垫后面。

（3）每个小组第一名队员拿一个棉花材质的圆球，直径 10 厘米左右为宜。

（4）听到教练喊"开始"口令后，第一名队员将圆球塞进身前的肚子里，用衣服包裹住，然后沿着软垫跑道前滚翻到尽头，快速将圆球拿回来传递给下一位队友，回到队尾排队。

（5）最快完成的一组队员获得胜利。

2. 动作要领

（1）蹲撑，两腿蹬直，同时曲臂、低头、提臀、团身向前翻滚。

（2）前滚时，头的后部、肩、背、臀部依次着垫，当背着垫时，迅速屈小腿。

（3）上体与膝部靠近，两手抱小腿，向前滚动成蹲立。

3. 注意事项

（1）教练/老师要全程做好辅助和保护工作，特别是对于中小班的孩子。

（2）软垫的宽度尽量扩大，防止小球员在翻滚的时候滚到地上。

（3）淡化输赢，强调动作的质量、趣味性和合作意识。例如"教练要表扬第二组，即使他们不是最快完成的，但他们动作是最标准的"，再如"第一组小朋友不仅动作标准，而且还给队友鼓励加油"。

（五）后滚翻

1. 游戏案例：小雪球下山坡

（1）用软垫搭建一个斜坡（略有倾斜即可）。

（2）小球员在教练、助理教练或者老师的帮助下沿着斜坡后滚翻下来。

2. 动作要领

（1）背对滚翻方向蹲撑、提臀，身体稍微前倾。

（2）团身然后迅速倒体，同时两臂弯曲向后翻掌于肩上，经臀、腰、肩、颈、头依次着垫向后滚动，当滚到肩部时，低头推手成跪撑。

3. 注意事项

（1）教练、助教或老师一定要做好辅助工作，确保小球员在安全的环境下练习。

（2）加宽加长软垫的距离。

（3）每组的小球员数量 4 人左右为宜，避免等待时间太长。

（六）侧手翻

1. 游戏案例：翻过小篮球

（1）每名小球员 1 个篮球，1 个呼啦圈。

（2）将呼啦圈放在身体右侧面，将篮球放在呼啦圈里防止滚动。

（3）听到教练口令"双手撑地"时，小球员双手撑地，臀部翘起向上。

（4）听到教练口令"翻"时，小球员双脚蹬地翻到球的另一侧。

2. 动作要领

（1）侧翻时两臂伸直，两腿绷直。

（2）按左右手依次撑推地面，左右两腿依次蹬地。

（3）摆腿、推手、蹬地要加力。

3. 注意事项

（1）在做这个练习之前一定要做足够多的辅助练习，分解练习。

（2）教练 / 老师做好保护和协助工作。

（七）推撑

1. 游戏案例：站立对墙推撑（图 6.1.4）

（1）所有小球员面对墙 10~15 厘米站立，双手弯曲，掌心正对墙。

（2）当教练喊"下"的时候，所有小球员身体向墙倾斜，并且双手主动触墙发力抵住身体的重力，教练喊"上"，双手对墙发力将身体撑起来，以此循环，8~10 个为一组。

图 6.1.4   推撑

2. 动作要领

（1）双脚打开与肩同宽，身体保持直立。

（2）双手弯曲，手掌与胸口齐高，掌心朝前。

（3）身体向下时腹部收紧，手掌触墙瞬间全身发力。

（4）双手用力向墙推撑，同时，双腿和腰腹也要发力将身体撑到直立状态。

3. 注意事项

（1）刚开始练习此动作时可以让身体先倾斜，双手撑住墙开始，使小球员体会双手推撑发力的感觉，激活手臂肌肉。

（2）根据小球员的能力调整与墙的距离，能力越强，离墙的距离越远，反之则越近。

（3）控制好负荷量，避免因手臂发软，导致脸部先触墙。

（4）墙体最好是较柔软的材质。

第二节　幼儿动作技能的学习与游戏化活动

幼儿在建立了一定的动作模式后，便来到了动作发展金字塔的第二层级——基本动作技能阶段。

一、幼儿动作技能的学习

随着年龄的增长、身体结构的发育和生理机能的成熟，幼儿可以学习更加复杂的动作技能。动作发展学者们认为儿童在 3~8 岁就要学习和掌握人类的基本动作技能，以便以后学习更为复杂的动作技能，因此，基本动作技能是复杂动作技能的基础。动作发展科学将幼儿阶段应该掌握的动作技能分为移动性动作技能、操作性动作技能和非移动性动作技能，见表 6-2-1。

表 6-2-1　幼儿应发展的主要基本动作技能

移动性动作技能	操作性动作技能	非移动性动作技能
爬、行走、跨步、双脚跳、单脚跳、跨跳、垫步跳、滑步、跑步跳、攀登、翻滚等	握持、拍、击打、投掷、踢、滚、接等	躲闪、弯曲、伸展、扭曲、旋转、抖动、摇晃、推拉、举起、放下、平衡等

基本动作技能区别于基本动作模式的单个身体部位的单个动作模式，它涉及身体的不同部位，例如脚、腿、臀、腰、手臂、手、头等部位的协调组合，比基本动作模式更复杂。值得注意的是，幼儿不会完全自然地获得所有的基本动作技能，他们需要教练的指导才能学会和掌握这些技能，从而参与幼儿园和社区的体育运动、比赛和休闲活动，促进动作技能的掌握、巩固和完善。

二、幼儿动作技能游戏化活动方法

（一）移动性动作技能——单脚跳

1. 游戏案例："斗鸡对抗赛"（图 6.2.1）

（1）将队员平均分成几个队伍，4~6 个人为宜。

（2）用软垫围成一个"口"字形，队员在中间比赛。

（3）每个队伍第一轮派出 2 名队员参加比赛，第二轮派出另外 2 名队员参赛，以此循环，确保每名队员都能参与。

（4）被对方击倒或者双脚触底则被淘汰，按名次依次打分，第一名 5 分，第二名 3 分，第三名 1 分。

（5）最终获得分数最多的队伍获胜。

图 6.2.1　"斗鸡对抗赛"

2. 动作要领

单腿支撑，另一条腿放于支撑腿的膝盖以上，并用双手抓住非支撑腿的脚踝或小腿。

3. 注意事项

（1）做好防护措施，须用软垫铺设成"口"字形的"战场"，确保每个角度都有软垫保护。

（2）强调规则，不能用手推或者脚踢对手，如违反规则，则取消比赛资格或者扣除相应的分数。

（3）确保每一个队员都能获得同等的参与时间。

（4）左右腿要均衡充当支撑腿，不能只用惯用腿。

（二）移动性动作技能——翻滚、爬行

1. 游戏案例："佩奇"抓"红薯"

（1）教练用软垫铺成一条 5~8 米的直线。

（2）将队员平均分成两个队伍，一组是"佩奇"，一组是"红薯"。

（3）"佩奇"组在软垫的开端处，"红薯"组在前方 1.5~2 米处。

（4）听到开始口令后，"红薯"向前滚，"佩奇"则需要采用爬的方式去追，"红薯"到达安全区域之前"佩奇"能抓住则成功，反之则失败。

2. 动作要领

（1）翻滚身体伸直，双手沿着耳朵向上伸直贴近头部。

（2）爬行双膝跪地，腹部收紧，眼睛看前方。

3. 注意事项：

（1）"佩奇"和"红薯"的角色要交替充当。

（2）两队都需要有教练 / 老师辅助保护。

（三）操作性动作技能——投掷

1. 游戏案例："制作冰淇淋"

教练："喜欢吃冰淇淋的小朋友请举手！"

小球员："我！我！（举手）。"

教练："好，那今天咱们就来制作冰淇淋。看！教练手中的锥形桶像什么？"

小球员："冰淇淋甜筒！"

教练："回答正确，但是这个冰淇淋还未完成，需要小朋友们将球投到这个冰淇淋上才能制作成一个完整的冰淇淋，我们看哪位小朋友做得又多又好吃！"

2. 动作要领

（1）双脚打开与肩膀同宽，屈髋屈膝降低重心，投篮手一侧的脚可以略微向前。

（2）双手持球，投篮手掌心朝前，手指朝上持球的后部，大臂与小臂弯曲 90 度，非投篮手持球的侧部，手指朝上。

（3）背部挺直，眼睛注视投篮目标。

3. 注意事项

（1）根据小球员能力的不同，合理地调整锥形桶的高度。

（2）不要太重视结果，多强调动作的规范性。

（3）以鼓励为主，多给出建设性的建议，例如"朵朵的投篮手掌心朝前放在球的后面做得很标准，注意投完篮后的跟随动作就更好了"。

（四）操作性动作技能——传 / 抛接

1. 游戏案例：接"鸡蛋"比赛

（1）教练用粉笔在地上画几条并排的直线，然后在直线前面画上几个同等大小的圆圈，圆到直线的距离相同。

（2）将小球员平均分成几个小组，每组 3~5 人为宜，然后分别站到每条线后面。

（3）第一名小朋友拿一个容器站到圆圈里，其余小朋友拿软球（"鸡蛋"）排成一路纵队。

（4）听到比赛开始口令后，拿软球的小球员将球向拿容器的队友抛出，后者需要用容器接住软球。

（5）在规定时间内，哪一组接到更多的"鸡蛋"或者哪一组提前到达教练规定的接"鸡蛋"数量则获得胜利。

2. 动作要领

（1）传"鸡蛋"队员可以采用抛、投、扔的方式，注意控制好力度，使球有一定的弧度。

（2）接"鸡蛋"的队员集中注意力，快速移动双脚。

3. 注意事项

（1）作为"鸡蛋"的球，材质不能太硬，软硬度适中为宜。

（2）让每名队员都有接"鸡蛋"的机会，例如 20 秒换一个人。

（五）非移动性动作技能——躲闪

1. 游戏案例：躲避呼啦圈

教练："请问小朋友们你们知道森林里面的猎人是做什么的吗？"

小球员："捕猎小动物的。"

教练："非常好。那么如果教练是拿着'猎圈'（泡沫呼啦圈）的猎人，你们是'小动物'，能不能被猎人抓到呢？"

小球员："不能！"

教练："聪明，那一会儿小朋友们就在这个球场里面，教练会用'猎圈'来'捕猎'，这时你们就要躲闪，如果被套中就要淘汰喽，看谁是最敏捷的小朋友好不好？"

小球员："好！"

2. 动作要领

不要盲目地跑动，冷静判断"猎圈"的来向，迅速躲避。

3. 注意事项

提醒小球员跑动时除了躲避"猎圈"，同时也要注意其他小朋友，避免发生碰撞。

（六）非移动性动作技能——平衡

1. 游戏案例："金鸡独立"（图 6.2.2）

（1）小球员在球场内移动（抱球跑动或者运球移动）。

（2）听到教练口令后单脚支撑，双手抱球举到头顶定住。

（3）教练喊到对应的数字则需要定住保持几秒，例如喊"5"，则需要单脚站立，一起数 5 秒才能放下抬起的腿。

2. 动作要领

（1）认真听教练口令，并且迅速做出反应。

（2）单脚支撑时身体保持直立，尽量控制身体不要左右晃动。

3. 注意事项

（1）双腿要交替使用作为支撑腿，不能只用惯用腿作为支撑腿。

（2）跑动过程中提醒注意躲闪，避免碰撞。

（3）如果运球进行，左右手运球的比例为 3 : 1。

图 6.2.2　"金鸡独立"

第 **7** 章

幼儿篮球技术的动作
图解和游戏化活动

第一节 传接球技术

1 幼儿传接球技术的基本理念

曙光教练主张以传接球作为幼儿及青少年篮球活动的核心技术，来促进其他技术的发展。幼儿篮球传接球技术活动以安全性和趣味性为前提，在训练的同时把技术动作掌握牢固，活动中需要遵循一些基本理念，在理念的基础上落实方法，才能做到事半功倍。

一、幼儿接球技术的基本理念

（一）先教接球技术再教传球技术。这样能有效克服心理障碍、降低受伤风险。

（二）随时保持篮球在自己的视线内，不要背对篮球。

（三）遵从篮筐→低位→行动（RPA 原则）。接到球先准备投篮，没有投篮机会时观察低位队友，最后再考虑运球。

（四）尽可能创造空间，用双手或远离防守球员的手给传球者一个明显的传球目标。

（五）总是用双手接球。

（六）接球动作的结束是投篮、传球和突破动作的开始。

二、幼儿传球技术的基本理念

（一）球员应该学会无私地将球传给处于空位的球员。

（二）接到球第一时间观察内线情况并尽可能传球到内线。

（三）传球出手要快但不能匆忙。

（四）多传球而非多运球。

（五）进行传球时，应该使用最简单、直接的传球方式。

（六）指导小球员不要抱着赌博的心理传球，传球时要运用智慧。

三、传接球技术理念补充

（一）教授传接球技术的顺序，先教接球再教传球（表 7-1-1）。

表 7-1-1 先教接球再教传球

先教接球的好处	先教传球可能造成的后果
1. 减缓恐慌心理。通过一些有趣的接球技术铺垫，培养接球的感觉 2. 降低受伤风险。教会孩子正确的接球动作可有效降低受伤的风险 3. 提高对篮球的兴趣。有效接住球后，无论在信心上还是与同伴的互动上都将提高他们对于篮球的兴趣 4. 为传球技术做铺垫，学习接球后，小球员们感同身受，会意识到哪种力度的球接着最舒服，球的落地点在哪里更好接等，从而更利于发展传球技术	1. 内心恐慌，不知道如何接球 2. 害怕心理，担心被球砸到 3. 受伤风险，手指被球戳伤、下巴被球砸到或胸口被球撞击 4. 失去兴趣，恐慌、受伤和挫败感可能会让孩子对篮球失去兴趣

（二）比赛导向，优先发展传接球和投篮技术能使比赛顺利开展。

"教练，今天可不可以打比赛呀？"这一定是大多数教练踏入球场听到的第一句话，当然前提是孩子们要对比赛有一定的概念和理解。因此，如何能让比赛开展起来是教练首要解决的问题。以比赛为出发点，用比赛带动小球员们的技术发展和对比赛的理解。那么，在传球、运球、投篮和防守四项基本技术中优先发展哪两项技术能让比赛开展起来？曙光教练认为比赛开展至少需要一项串联技术和一项终结技术。而传球是串联技术的最佳选择，投篮是终结技术的首选。因此，传接球是幼儿首要学习的技术，其次投篮，再次是防守，最后是运球。简言之，以传球和投篮技术为主，通过比赛带动其他技术的发展。

（三）团队篮球，衡量球队进攻效率的标准。

衡量团队进攻效率的重要标准是助攻得分（团队传接球）应该始终高于运球突破得分（个人技术）。但是，很多教练忽视传接球的重要性，不明白其中的价值，更不用谈去思考如何训练提高传接球能力，导致出现一个"明星"球员一打多的现象，在以赢为目的观念下，默认了这种"一枝独秀"的进攻方式，从而出现非助攻得分高于助攻得分颠倒的现象。

2 幼儿传接球技术动作图解

一、接球技术

（一）三种基础接球技术规范

1. 接高球（传到身体中间，胸口及以上高度的传球）

要领：双手位于胸口高度，手指向上，掌心朝前，拇指相对（图 7.1.1）。

2.接低球（接传到身体中间，腹部及腰部以下高度的传球）

要领：双手处于膝盖附近，手指朝下，掌心朝前，拇指向外（图7.1.2）。

3.接侧向球（接传到身体侧面的球，单手停球后双手抓住球）

要领：接球手高举，掌心朝向传球人，护球手横肘挡在体前（图7.1.3），接球手触球一瞬间，护球手快速参与合球，变为双手持球（图7.1.4）。

球员年龄越小，在正式教授接球技术前需要做的铺垫技术就越多，以免对球员造成不必要的伤害（心理和身体），严重者可能造成球员害怕参加篮球活动的后果。

（二）接球技术铺垫

幼儿接球技术铺垫从徒手的动作模式开始，然后进阶到有球的接球技术。遵循从徒手到有球、从原地到行进间的教授顺序。

1.徒手接球动作

动作要领：单脚支撑跳起（图7.1.5），双脚同时落地（图7.1.6），屈髋屈膝降低重心；投篮手掌心朝前，手指指向上，非投篮手掌心朝侧面，手指指向上或斜前方（图7.1.7）。

动作进阶：原地进阶到行进间，正对篮筐进阶到侧对篮筐或背对篮筐。

图7.1.1　接高球　　　　　　　　图7.1.2　接低球

图 7.1.3　护球手横肘挡在体前

图 7.1.4　双手持球

图 7.1.5　单脚落地起跳

图 7.1.6　双脚同时落地

图 7.1.7　三威胁姿势

2.原地放球接球

动作要领：双脚打开，屈髋降低臀部，背部挺直，胸口朝向前方（图 7.1.8），球落地弹起双手快速抓住球（图 7.1.9）。

图 7.1.8　准备姿势

图 7.1.9　主动伸手接球

动作进 / 退阶：增加 / 减少球落地的次数。

3. 原地放球上步接球

动作要领：双脚打开，屈髋降低臀部，背部挺直，胸口朝向前方（图 7.1.10），球落地弹起时主动上步抓球，左右脚交替上步（图 7.1.11、图 7.1.12）。

图 7.1.10　准备姿势放球

图 7.1.11　上步接球

图 7.1.12　跳步急停接球

动作进 / 退阶：增加 / 减少球落地的次数。

4. 原地抛球接球

动作要领：双手放于球的两侧下方，手掌托住球（图 7.1.13）；球向上抛起，起跳主动伸手将球抓住（图 7.1.14），落地呈三威胁姿势（图 7.1.7）。

图 7.1.13　双手手掌朝上

图 7.1.14　主动伸手抓球

动作进 / 退阶：规定球不落地 / 可以落地后抓住球。

5. 向前抛球落地接球

动作要领：双手放于球的正下方，手掌朝上；球向斜前方抛出（图 7.1.15），跑动向前抓球，一步急停（图 7.1.16），双脚同时落地（图 7.1.17）呈三威胁姿势。

图 7.1.15　向斜前方抛球

图 7.1.16　单脚制动急停

图 7.1.17　双脚同时落地

动作进 / 退阶：增加 / 减少球落地的次数。

6. 对墙传球接反弹球

动作要领：向墙壁传球（图 7.1.18），主动上步接球（图 7.1.19），一步急停呈三威胁姿势（图 7.1.20）。

图 7.1.18　向墙壁传球

图 7.1.19　主动上步接球

图 7.1.20　一步急停三威胁

动作进 / 退阶：增加 / 减少球从墙壁反弹落地的次数

7. 接教练的传球

在和队友进行传接球练习前先与教练练习，因为教练能更好地控制传球的距离、力度和方向。

（三）基础接球动作图解

1. 接球前的沟通

（1）双手胸前击掌，击掌后掌心朝向队友。

（2）说"球、球、球"或叫传球者的名字（图 7.1.21）。

图 7.1.21　击掌、说话要球

2. 接高球技术详解

幼儿篮球接球技术中接高球（胸口及以上高度的传球）是比赛中出现较多的接球方式，所以本节将重点详解接高球技术细节。

（1）准备动作要领

①双脚打开比肩略宽，屈髋屈膝降低重心。抬高手肘，手掌朝向球（图 7.1.22）。

②手指、手腕、肩关节保持放松。大臂和身体保持一定的角度（图 7.1.23）。

③手指舒适地伸展，拇指相对呈"八"字，其余手指向斜前方打开，双手打开的宽度与篮球大小相近（图 7.1.24）。

图 7.1.22　准备动作

图 7.1.23　大臂和身体保持一定的角度

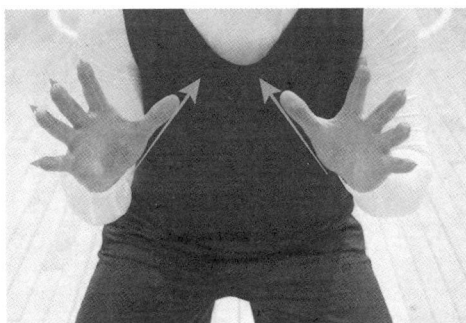

图 7.1.24　拇指相对呈"八"字

（2）迎接球动作要领

①眼睛注视来球方向，伸手上步主动迎接球（图 7.1.25）。

②手指触到球的一瞬间，弯曲肘部卸力（图 7.1.26）。

图 7.1.25　眼看篮球，上步伸手　　　　图 7.1.26　弯曲肘部卸力

（3）收球动作要领

双脚跳步急停，呈三威胁姿势（图 7.1.27）。

图 7.1.27　三威胁姿势

二、传球技术

幼儿阶段以双手胸前传接球、双手头顶传接球、单手胸前推传接球为教授内容。

（一）双手胸前传接球

1. 持球动作要领

（1）三威胁姿势保持低重心，目视前方（图 7.1.28）。

（2）十指展开，拇指朝上，握于球的两侧面，拇指相对呈"八"字形，双肘自然打开（图 7.1.29）。

图 7.1.28　持球姿势

图 7.1.29　拇指相对呈"八"字形

2. 推球过程要领

（1）手腕放松，由内向外转动（图 7.1.30），手指发力将球拨出（图 7.1.31），使球保持回旋。

（2）球出手瞬间双手延伸手臂，双手拇指朝向下面，掌心朝外侧（图 7.1.32）。

图 7.1.30　转动手腕

图 7.1.31　手指拨球

图 7.1.32　拇指朝下，掌心朝外

（3）双手从胸口将球推出的同时一只腿向后蹬地，另一只腿向前迈步（图 7.1.33）。

（4）球从手指尖传出的一瞬间身体的重心向前移动（图 7.1.33）。

图 7.1.33　蹬地迈腿，重心前移

（5）击地传球落在传球者和接球者的 2/3 处（图 7.1.34）。

图 7.1.34　击地传球落点

（6）直传球球落在接球者要球的双手或单手位置（图 7.1.35 和图 7.1.36）。

图 7.1.35　直传球落点——双手　　图 7.1.36　直传球落点——单手

3. 结束动作要领

双手拇指自然指向下面，四指瞄准传球的目标，掌心朝外侧（图 7.1.37）。

图 7.1.37　跟随动作

（二）双手头顶传接球

1. 持球动作要领

双脚打开与肩同宽，双手持球放于球的侧后方（图7.1.38）。

图 7.1.38　持球动作

2. 传球过程要领

（1）球由胸口举到头顶的同时单脚向前迈步。眼睛向前注视传球目标（图7.1.39）。

（2）篮球位于头部上方，不能过多向后偏移（图7.1.40）。

（3）传球距离不同，头顶传球的方式也会有所区别。

图 7.1.39　举球同时迈步

图 7.1.40　球位于头部上方

（4）全身发力向前传球，转动手腕，身体重心向前移（图 7.1.41）。

（5）球易下沉，需向更高的目标位置传球（通常指接球队员的头部）。

图 7.1.41　转动手腕，重心前移

3. 结束动作要领

手指指向传球的目标，掌心对外，拇指指向地面，眼睛注视传球方向（图 7.1.42）。

图 7.1.42　掌心对外，拇指指向地面

（三）单手胸前传接球

1. 持球动作要领

三威胁持球姿势（图 7.1.43）。传球手位于球的后面，掌心朝前（图 7.1.44），平衡手位于球的侧面，手指朝斜上方。

图 7.1.43　三威胁持球姿势　　图 7.1.44　传球手位于球的后面，掌心朝前

2. 传球过程要领

（1）后腿蹬的同时前腿迈步将球向前传出（图 7.1.45）。

（2）手腕发力，手指用力拨球使球产生回旋（图 7.1.46）。

图 7.1.45　蹬腿迈步　　　　　　图 7.1.46　手指拨球

（3）防守球员手臂向下时，从其耳朵高度传过去（图 7.1.47）。

（4）防守球员手臂向上时，使用垂直的假动作（向上做假动作，从下面传球，可见图 7.1.48）。

图 7.1.47　防守球员手臂向下时　图 7.1.48　防守球员手臂向上时

3. 结束动作要领

传球手的手指指向地面，平衡手自然向前（图 7.1.49）。

图 7.1.49　跟随动作

3 幼儿传接球技术游戏化活动

第一阶段：徒手练习阶段

游戏名称	圣诞老人传递糖果
游戏目的	培养正确的徒手传球动作模式
所需器材	篮球一个
游戏规则	（1）分为两个队，一队是学员，另一队是教练和小队长 （2）指定学员是传球方，教练和小队长是接球方 （3）学员扮演"圣诞老人"在边线站好，做好徒手传球（发送"空气糖果"）的准备，教练和小队长作为接受礼物的小朋友在对面准备接受"糖果" （4）教练发出口令"给我糖果、给我糖果"之后，"圣诞老人"（学员）马上做出胸前传球的徒手动作，当学员做完传球动作之后，教练员要及时"吃糖果"并做出十分好吃的样子 （5）反复重复传球过程，当球员动作做得很好时要给予表扬并表示"糖果"非常甜，学员做得不够标准时则说"糖果"怎么会是苦的呢？以此来激发学员传球的积极性
游戏进阶	球员徒手动作模式做好之后，教练可以给做得最好的球员一个篮球，让其尝试有球的传球动作
游戏退阶	只做手部动作，暂时忽略脚上动作
注意事项	（1）介绍游戏时要简洁高效 （2）注意在游戏中培养小球员正确的技术动作，不要让游戏的乐趣掩盖了技术动作的规范问题 （3）及时对学员的动作进行纠正，运用表扬的方法来巩固学员正确的技术动作
教学建议	（1）此游戏作为"破冰"练习最佳，既能引起球员的兴趣，又可以巩固传球技术的动作模式 （2）不宜长时间练习，游戏时长不超过5分钟 （3）通过有趣的语言描述来激发学员的兴趣

游戏名称	圣诞老人传递糖果
游戏目的	建立正确的徒手接球动作模式
所需器材	篮球两个
游戏规则	（1）分为两个队，一队是学员，另一队是教练和小队长 （2）指定学员是接球方，教练是传球方 （3）教练扮演"圣诞老人"随机传球（发送"糖果"），学员做好随时接受"糖果"的准备 （4）"圣诞老人"（教练）发出口令之后，学员马上做出胸前接球的徒手动作，并且说"给我糖果、给我糖果"，教练员随机击地传球（发放"糖果"）给声音大且动作标准的学员，学员接到球假装"吃糖果"，然后回传给"圣诞老人"（教练）

游戏进阶	（1）要求接球后呈三威胁姿势 （2）主动上步接球，并且球不落地
游戏退阶	允许球落地两次再接球
注意事项	（1）介绍游戏时要简洁高效 （2）注意在游戏中培养小球员正确的技术动作，不要让游戏的乐趣掩盖了技术动作的规范问题 （3）及时对学员的动作进行纠正，运用表扬的方法巩固学员正确的技术动作
教学建议	（1）此游戏作为"破冰"练习最佳，既能引起球员的兴趣，又可以巩固接球技术的动作模式 （2）不宜长时间练习，游戏时长不超过 5 分钟 （3）通过有趣的语言描述来激发学员的兴趣

第二阶段：有球练习阶段

游戏名称	传球抓人（捕鱼游戏）
游戏目的	提高小球员的传球技能、沟通能力、协作能力、传球后跑动意识
所需器材	篮球 1 个；两种颜色分队服
游戏规则	（1）用分队服将小球员平均分成两个队 （2）指定一方是传球方（"渔夫"），一方是躲避方（"小鱼"） （3）在规定区域内"渔夫"通过传导球去捕"小鱼"，只有接到球的"渔夫"才能获得"捕鱼"的资格，没有球的"渔夫"则通过跑动去寻找靠近"鱼群"的地方，伺机要球"捕鱼"，用手碰到"小鱼"则视为抓捕成功 （4）"渔夫"接到球后最多只能移动两步去抓小鱼，否则抓到无效 （5）抓到的小鱼被淘汰到球场外，或者在游戏区域外做一些技能训练"升级"，例如小熊爬、俯卧支撑摸肩膀、运球抬头观看其余小球员玩游戏等 （6）"小鱼"全部抓捕完后交换角色，比较哪一方用时时间短；也可以在规定时间内比哪一方"捕鱼"的数量多
游戏进阶	（1）在接到球后不能走步违例 （2）"捕鱼"方不能在原地停留超过 3 秒 （3）扩大游戏场地的空间，例如由半场扩大到全场
游戏退阶	（1）接到球后可以运球 2~3 次，运球能力差的小球员可以抱球跑 2~3 步，待运球技术加强后再规定不能走步 （2）增加篮球的数量 （3）缩小游戏场地的空间，例如由全场缩小到半场
注意事项	（1）分队时要使双方的实力尽量接近 （2）注意在游戏中培养小球员正确的技术动作，不要让游戏的乐趣掩盖了技术动作的规范问题 （3）如果传导球不是很流畅，教练也可以参与到"渔夫"一方 （4）要关注到能力较弱的小球员，并且平均分配到两队，给予他们一些"特权"，例如可以抱球跑更多步，他们抓到"小鱼"后时间停止 10 秒等，这样既能提高这些小球员的参与感，同时也能让其他小球员关注到他们

教学建议	（1）一开始玩游戏时速度不要过快，学员熟悉后再循序渐进增加难度 （2）在学员出现错误动作时要及时暂停并且通过提问的方式告诉学员正确的姿势

游戏名称	传球次数达标后获得投篮资格（"致命一击"）
游戏目的	以提高小球员的传球技能为主，以投篮技能为辅，同时增强他们的协作能力，培养强大的心理素质
所需器材	两个篮球、两个篮筐
游戏规则	（1）将小球员按照数量、能力平均分成两个队 （2）每队一个篮球，并分别到一个半场 （3）小球员分散开做好准备 （4）听到教练哨声后开始传球，传球5次后获得一次投篮机会，投中则游戏结束，不中则继续传球，5次传球后再获得一次投篮机会。比两队谁先投进球
游戏进阶	增加传球的次数和连续投进球的个数，例如连续传球10次，同时要连续命中2球
游戏退阶	降低传接球的标准和命中球的标准（例如不需要连续传球，碰到篮筐就算是"进球"得分）
注意事项	（1）提前强调不能为了快速达到传球次数而做近距离的传球、随意的传球 （2）避免在原地停留太久，要求在原地停留不能超过3秒 （3）规定要球时不说话或者击掌要球的情况当次传球无效 （4）为了提高小球员的积极性、专注度和比赛的刺激性，要求每队在传球时必须同时喊出传球的次数 （5）不能连续同一个人投篮，每个人都要有投篮的机会 （6）要关注到能力稍差的小球员，降低他们的标准，例如允许接球失误，碰到篮网/篮筐就算"进球"得分 （7）技术动作的规范性不要一开始就强调过多，可以慢慢改正，例如第一局强调传球动作要标准，第二局强调传接球时要沟通
教学建议	（1）反复强调沟通在训练中的重要性，只有好的沟通才能提高训练的效率 （2）要求接球时潜在的接球人要随时做好准备

第三阶段：消极对抗阶段

游戏名称	识别防守传球练习（机器人传球）
游戏目的	提高小球员的识别防守能力，培养传球后跑动意识，学会在压力下传球
所需器材	篮球1个

游戏规则	（1）三人为一小组，用一个篮球 （2）两人面对面站好传球，另一人防守 （3）防守人双手作为机器人手臂，当双臂举高时传球人从侧面传球；当手臂侧平举时传球人可以选择从手臂上方过顶传球或者下方击地传球；当手臂放下时传球人选择头顶传球 （4）学员传球之后变成机器人到对面的学员面前变换形态（选择手臂的位置）防守，上一回合防守的机器人变成传球人
游戏进阶	防守人可以移动手臂干扰，在适当的情况下可以增强防守压力迫使队员使用停球不停步的技术
游戏退阶	防守人与传球人保持较远距离，不要给传球人过大的压力
注意事项	（1）传球人需要等防守人到位之后，识别防守球员的手臂位置再传球 （2）接球人需要说话要球，并且要接住偏离正常路线的球 （3）谁传球谁变成机器人，以此规律循环进行，避免一个人连续防守多次
教学建议	（1）传球距离不宜过大，3~5 米为最佳 （2）控制好训练的节奏，不要提前传球，避免无效传球 （3）重点在于识别防守选择正确的传球路线，不要过分纠结传球质量

游戏名称	团队传球练习（"抢糖果"游戏）
游戏目的	提高小球员的识别防守能力，培养传球后跑动意识，学会在压力下传球
所需器材	篮球 1 个
游戏规则	（1）4~6 人为一小组，一人防守，其余人传球跑动，使用一个篮球 （2）在规定区域内传球队员随机传球给队友，一人作为防守人去抢"糖果"（篮球） （3）传球人不能连续两次传给同一个学员 （4）防守人抢到球之后需要与传球失误的球员互换位置 （5）连续传 10 次球算传球方成功，失败一方做 10 个蹲起 （6）传球过程中需要大声喊出传球次数
游戏进阶	增加一个防守人，加大传球难度，缩小传球区域，降低防守难度
游戏退阶	防守人由教练代替，给学员足够的自信完成传球练习
注意事项	（1）提前强调不能为了快速达到传球次数而做近距离的传球、随意的传球 （2）避免在原地停留太久，要求在原地停留不能超过 3 秒 （3）规定要球时不说话或者击掌要球的情况当次传球无效 （4）为了提高小球员的积极性、专注度和比赛的刺激性，要求每队在传球时必须同时喊出传球的次数 （5）传球速度要快，不要击地传球
教学建议	主要锻炼在面对防守压力的基础上快速出球，所以要强调传球速度

第四阶段：实战练习阶段

游戏名称	传球进呼啦圈（小球"回家"）
游戏目的	提高小球员的传球技能、沟通能力、协作能力、传球后跑动意识
所需器材	篮球 1 个、两种颜色分队服、呼啦圈 4~8 个
游戏规则	（1）将队员平均分成两队，一队进攻，一队防守 （2）把球场的四个角放上呼啦圈 （3）教练指定对位 1 对 1 防守 （4）中场跳球开始，获得球权方只能通过传球进攻，进攻方将球放到呼啦圈里则得分 （5）规定时间内得分多的队伍获胜
游戏进阶	（1）规定传球到达一定数量后才能进攻，例如连续传球 5 次才能进攻 （2）允许运球，例如可以运球 3 次
游戏退阶	（1）增加得分点 （2）减少防守方的人数，增加进攻方的人数 （3）去掉防守方，通过传球 5 次获得放球一次进呼啦圈，在规定时间里看哪一队得分多
注意事项	（1）提醒小球员传球后要积极移动，不能站在原地等球 （2）要关注能力较弱的小球员，可以降低他们的要求，提升他们的得分质量，例如允许他们接到球后运球，但其他人不能，他们得分算 3 分，其余人得分算 1 分，但是要注意两队伍最后都要有获得这样"特权"的人 （3）技术动作的规范性不要一开始就强调很多，可以慢慢改正，例如第一局强调传接球要沟通，第二局强调传接球的跑动 （4）不要过于注重结果，而多看重过程，例如一队可能最终在比分上落后，但他们的传球动作更规范，走步违例更少，则可表扬他们的优点，而淡化输赢
教学建议	强调空间意识，要引导学员找到球场上空位的队友

游戏名称	2 打 1 练习（"天使与恶魔"）
游戏目的	提高小球员的实战传球技能、沟通能力、协作能力、运传结合能力
所需器材	篮球 1 个
游戏规则	（1）3 人一组，一人防守（"恶魔"），两人进攻（"天使"） （2）传球人（"天使"）由中线开始传球进攻，防守人（"恶魔"）在三分线弧顶防守 （3）"天使"通过传球和运球相结合来打败"恶魔"投篮得分；若"恶魔"抢到球，则自动结束本局对抗 （4）3 人按顺序轮转
游戏进阶	规定运球次数不能超过 2 次
游戏退阶	增加得分点；让进攻方有更多的选择

续表

注意事项	（1）提醒小球员传球后要积极移动，传球后往篮筐移动 （2）要关注进攻能力较弱的小球员，要增强其防守的自信 （3）不要过于注重结果，要多看重过程，淡化输赢 （4）"恶魔"防有球人时需要传球，"恶魔"防无球人时需要大胆运球攻筐
教学建议	（1）强调运传结合，要引导学员合理使用运球和传球技术 （2）鼓励多传球而不是多运球，灌输传球第一的理念

4　幼儿传接球技术常见问题与解决方法

问题一：缺乏沟通（图 7.1.50），正确动作可见图 7.1.51。

图 7.1.50　不主动要球　　　　图 7.1.51　主动要球

解决办法：

（1）在平时训练中教练反复强调；

（2）可以设计一些传球比赛的训练，如果在接球时不沟通，则此次传球无效。

问题二：双手没有提前抬起来做好接球准备（图 7.1.52），正确动作可见图 7.1.53。

图 7.1.52　双手下放　　　　　　图 7.1.53　双手抬起

解决办法：

（1）教练示范抬起手准备和不抬起手准备的区别，抬起手准备能够加快反应时间，迅速接住球，而没有提前抬起手则可能被球砸到胸口或者下巴（动作尽量夸张）；

（2）两人一组，相互说出对方接球的优缺点。

问题三：接球时身体直立，没有提前降低重心（图 7.1.54），正确动作可见图 7.1.55。

图 7.1.54　身体直立　　　　　　图 7.1.55　降低重心

解决办法：将一个凳子放在臀部下方，接球时坐凳子准备。

问题四：球来时没有主动上步向前迎球（图 7.1.56），正确动作可见图 7.1.57。

图 7.1.56　原地等球

图 7.1.57　主动迎球

解决办法：在小球员身前画一条直线，要求必须越过直线将球接住。

问题五：接球准备动作双手手掌没有朝前（图 7.1.58），正确动作可见图 7.1.59。

图 7.1.58　手掌朝上

图 7.1.59　手掌朝前

解决办法：

（1）教练示范手掌朝上和朝前的区别，朝前能够有效地抵挡住球，使球懈力，朝上则会将胸口暴露出来，背球"攻击"胸口；

（2）告诉传球小球员，对方如果掌心不朝前，则不要传球给对方，因为他没有做好接球准备。

问题六：传球时手和脚没有同时向前推球和蹬腿（图 7.1.60 和图 7.1.61），正确动作可见图 7.1.62。

图 7.1.60　腿动手不动　　　图 7.1.61　手动腿不动　　　图 7.1.62　手脚同时动

　　解决办法：增加传球距离，让小球员体会如果手脚不同时发力则不会将球传得更远。

　　问题七：基地传球时球的落地点掌握不好（图 7.1.63 和图 7.1.64），正确落地点可见图 7.1.65。

图 7.1.63　球的落地点太靠后　　　　　图 7.1.64　球的落地点太靠前

图 7.1.65　球的落地点在 2/3 处

　　解决办法：在球落点处用粉笔标记一个记号，或者放置一个呼啦圈。

第二节　投篮技术

每个球员都对投篮得分很感兴趣，只要提供一个篮筐和一个篮球，即使是初学者，也会自然而然地开始执行投篮动作。但在初学阶段没有掌握正确的投篮动作模式和发力技巧，将对以后投篮技术的发展造成不可逆的消极影响。因此，幼儿篮球教练员需要掌握正确的投篮技术理念和原则，清楚正确的投篮技术规范。投篮技术涵盖的内容较多，幼儿阶段需要掌握单手肩上投篮和带球上篮两项技术。

1 幼儿投篮技术的基本理念

一、遵循幼儿动作技能的规律性

幼儿阶段的小球员一般在3~6岁，所以设计动作时主要考虑投篮的基本动作模式和基本动作技能两个方面。投篮的动作模式主要包括蹲起，动作技能主要包括身体移动技能——蹬跳和物体操作技能——投掷。

二、考虑幼儿技术动作的长期发展

不能为了短期的成就感而忽略幼儿技术动作的长期发展。双手发力比单手发力的投篮方式更容易让幼儿将球投到超过篮筐的高度，但随着时间的推移，幼儿的年龄逐渐增大、力量不断增加，让他们由双手投篮变为单手投篮的过程是漫长而煎熬的，而且随着他们水平的不断提高、竞争对手的不断增强和随之而来的对抗强度增加，双手投篮的技术将在很大程度上影响他们的技能水平，不利于长远发展。因此，在幼儿最初学习投篮技术时就要教授单手发力的投篮动作技术。

2 幼儿投篮技术的基本原则

球员年龄越小，教练员在教授篮球技术时越要学会"抓大放小"，即抓住技术的要点，淡化次要细节。投篮技术是最难的篮球技术之一，在活动中可以用一些英文字母缩略词来帮助球员理解和记忆，例如 BEEF、ROBOT、FOREST。幼儿球员建议采用 BEEF 原则学习正确的投篮概念和技术。

B——Balance（平衡）。"双脚成就投篮"，平衡是每次投篮时最重要的基本要素，要成功执行投篮动作，脚下的平衡和步法是关键——屈髋带动屈膝，双脚打开与肩同宽或比肩略宽，投篮手一侧的脚比另一只脚向前大约半个脚掌。

E——Eyes（眼睛）。"眼睛成就带球上篮"，要获得准确度，球员至少提前 1 秒钟锁定目标，首选的目标点是篮圈后部的中心或者篮板上矩形区域的上角位置。

E——Elbow（肘部）。"肘部高度决定弧度"，球员投完篮后肘关节应该高于自己的眉毛高度，确保篮球有足够的入篮角度。还应该将手臂的移动限定在垂直的平面上，特别是要保持手部向上和向内并位于篮球下方。

F——Follow-through（跟随动作）。球员应该执行完整的手臂跟随动作，常规投篮时坚持 1 秒钟，罚球时坚持跟随动作直到篮球通过篮网为止。

3 幼儿投篮技术动作图解

一、单手肩上投篮

（一）整体发力模式

屈髋带动屈膝（图 7.2.1），髋关节主导向上发力（图 7.2.2）。

图 7.2.1　屈髋带动屈膝　　　　图 7.2.2　向上发力

（二）持球动作要领

1. 投篮时双脚与肩同宽，投篮手一侧的脚略向前半个脚掌（存在个体差异，也可以脚尖对齐，以个体舒适为主）（图 7.2.3）。

2. 屈髋带动屈膝，膝盖投影点不过多超过脚尖（图 7.2.4）。

3. 膝盖与脚尖朝向一致，指向篮筐（图 7.2.5）。

图 7.2.3　持球动作

图 7.2.4　屈髋带动屈膝，膝盖投影点略超过脚尖

图 7.2.5　膝盖与脚尖朝向一致，指向篮筐

4. 大臂与地面垂直，小臂与地面平行，手腕与小臂尽可能垂直（图 7.2.6）。

5. 投篮手的手掌朝前正对篮筐（图 7.2.6）。

6. 平衡手位于球的侧面，手指指向斜前方（图 7.2.7）。

图 7.2.6　投篮手

图 7.2.7　平衡手

（三）举球过程要领

1. 手腕、手肘保持角度不变，以肩关节为轴向上举球（图 7.2.8、图 7.2.9、图 7.2.10）。

2. 球举到胸口位置时开始蹬地向上。

图 7.2.8　举球过程（第一步）

图 7.2.9　举球过程（第二步）

图 7.2.10　举球过程（第三步）

3. 举球过程保持球在一条直线上（图 7.2.11、图 7.2.12、图 7.2.13）。

图 7.2.11　保持在一条直线上（第
一步）

图 7.2.12　保持在一条直线上（第
二步）

图 7.2.13　保持在一条直线上（第三步）

（四）投球过程要领

拨球发力手指：食指、中指、无名指（图 7.2.14）。

图 7.2.14　手指拨球

（五）跟随动作

1.投篮手的手掌朝下，手指指向地面，平衡手的手掌朝向投篮手，手指指向正上方或斜前方（图7.2.15）。

2.投篮手的手肘高度高于眉毛（图7.2.15）。

图7.2.15　跟随动作

二、带球上篮

不管处于什么阶段的球员，都应该学会在单脚起跳时采用双手执行带球上篮。带球上篮按照球出手的方式分为高手上篮和低手上篮。幼儿阶段以高手上篮技术为教授方向，并且采用左腿起跳时使用右手上篮，而使用右腿起跳时则使用左手上篮的技术。教练员还应该强调球员学会利用篮板上篮。幼儿学习带球上篮技术不可能一蹴而就，需要遵循徒手、持球、运球、消极防守、实战的教学逻辑（图7.2.16）。

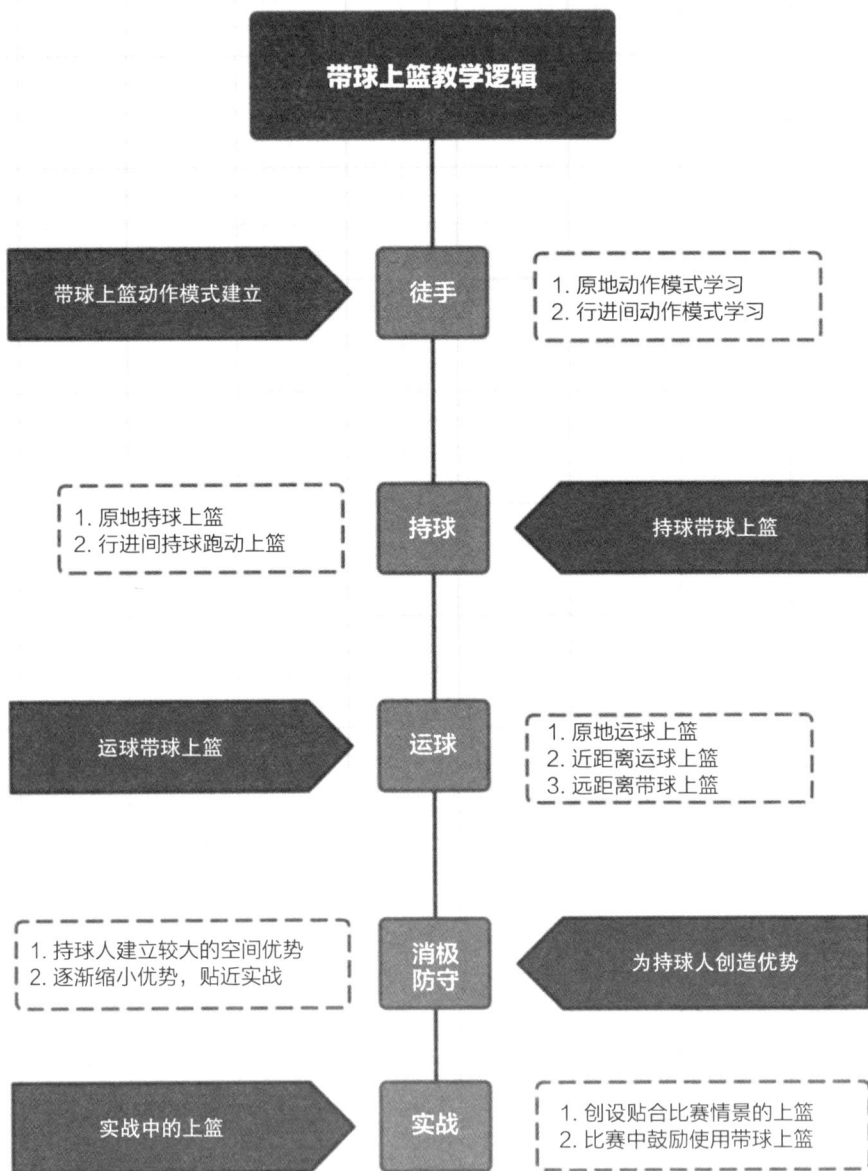

图 7.2.16　带球上篮教学逻辑

（一）持球高手上篮动作要领

1. 双脚前后开立呈弓步姿态，屈髋主导，膝盖微曲，投篮手一侧的脚在后方（图 7.2.17）。

2. 球持于投篮手一侧的肩部位置，投篮手位于球的后方，掌心朝前，非投篮手"穿过"身体持球的侧面（图 7.2.18）。

图 7.2.17 准备姿势

图 7.2.18 投篮手和非投篮手

3. 眼睛注视目标该目标通常是篮板方框的左上角或右上角（图 7.2.19）。

4. 第一步常用中等的步长（图 7.2.20），第二步用力蹬地上跳（图 7.2.21 和图 7.2.22）。

图 7.2.19 注视目标

图 7.2.20 第一步

图 7.2.21　第二步

图 7.2.22　蹬地提膝

（二）运球高手上篮动作要领

1. 使用双手拾球，合球贴近投篮手一侧的肩部（通常是与起跳脚相反的一侧），使球位远离防守球员（图 7.2.23 至图 7.2.26）。

2. 投篮手的手掌指向目标（通常是篮板）。

3. 使用左脚起跳时，右脚膝盖朝篮筐方向上抬。

4. 在执行最后的带球上篮动作时，要提前锁定目标（通常是篮板）。

图 7.2.23　强侧手（右手）运球合球（第一步）

图 7.2.24　强侧手（右手）运球合球（第二步）

图 7.2.25 弱侧手（左手）运球合球 （第一步）

图 7.2.26 弱侧手（左手）运球合球 （第二步）

（三）注意事项

1.球员应该保持篮球远离臀部，并且避免合球远离自己的发力位置（胸部上方或者肩膀附近）。

2.贴近身体移动篮球，同时避免左右摆动球（图 7.2.27），防止向外移动篮球被防守球员抢断。

图 7.2.27 不要左右摆动球

4 幼儿投篮技术游戏化活动

第一阶段：徒手练习阶段

游戏名称	我说你做（听指令投篮）
游戏目的	（1）培养小球员基本的投篮动作模式 （2）使小球员明白正确投篮技术的概念
所需器材	一片篮球场
游戏规则	小球员在球场随意跑动，听教练数字做对应的动作 "1"——小球员说"蹲"，同时跳步急停做出三威胁姿势 "2"——小球员说"投"，同时投篮并保持投篮的跟随动作 "3"——小球员说"收"，同时变为行进间跑动
游戏进阶	在听到"1"后跳步急停，身体需要面向篮筐，同时眼睛看向篮筐
游戏退阶	行进间跑动变为原地
注意事项	动作的规范性是首要的，每个动作要慢下来，在正确的前提下再加快动作间的衔接
教学建议	要求小球员说话必须与教练形成呼应 表扬做得好的小球员的动作细节，以此去带动动作不太规范的小球员（例如，教练表扬小明，因为他"蹲"的时候像坐凳子一样）

游戏名称	拆弹专家（投沙包/纸团）
游戏目的	巩固小球员基本的投篮动作模式
所需器材	沙包/纸团若干；碗状器具2个
游戏规则	（1）教练将"炸弹"（沙包/纸团）散播在篮球场，然后将碗状器具放在篮网里 （2）小球员在固定时间里要将规定数量的"炸弹"投到碗状器具里，完成则"拆弹成功"，反之则失败
游戏进阶	加上运球去寻找"炸弹"
游戏退阶	进行徒手的投篮动作模式练习
注意事项	（1）"炸弹"要选用软材质和重量较轻的器具 （2）用正确投篮动作模式投进去才有效，反之即使投进去也无效
教学建议	在进行竞争性活动（比谁先投进3个）前先进行合作类的活动（一起投进10个）

第二阶段：有球练习阶段

游戏名称	投篮争夺锥形桶（"冰淇淋"争夺战）
游戏目的	提升小球员的投篮技能、协作能力和集体意识
所需器材	每人一个篮球、锥形桶若干、粉笔一支、呼啦圈 3~5 个
游戏规则	（1）教练提前布置好场地，用粉笔画条线固定投篮的距离和区域，在中场放上各种颜色的锥形桶（"冰淇淋"），然后在各队后面放一个呼啦圈，呼啦圈用于存放获得的锥形桶 （2）教练将小球员平均分队，每队 3~5 人为宜 （3）小球员排好队后，教练吹哨子开始 （4）投进一球则获得一个"冰淇淋" （5）规定时间内获得"冰淇淋"多的一方获胜，或者提前获得 10 个"冰淇淋"的一方获胜
游戏进阶	（1）改为运球投篮，或者传接球投篮 （2）增加投篮的距离
游戏退阶	（1）缩短投篮距离 （2）降低得分标准，碰到篮筐即可获得一个"冰淇淋"
注意事项	（1）每支队伍的人数不宜过多，3~5 人为宜，以规避排队浪费时间 （2）不要只注重投篮的结果，还要强调投篮的动作，动作不标准投进也无效，动作标准，没有投进也可获得"冰淇淋" （3）关注能力较弱的小球员，降低他们的得分标准，例如碰到篮网 / 篮筐即视为进球
教学建议	（1）提醒小球员投完篮快速冲抢篮板，为后面的队友争取更多的时间 （2）教练要注意关注和鼓励能力较弱的小球员

游戏名称	投篮闯关
游戏目的	提升小球员的投篮技能、竞争意识、增强心理素质
所需器材	粉笔一支、篮球每人一个
游戏规则	（1）教练沿着篮筐写上数字 1、2、3、4、5，即代表有 5 个关卡，然后在每个数字后面画上一条横线，固定投篮的距离和范围 （2）教练将队伍人数平均分配，最开始都排在 1 号数字后面 （3）听到教练口哨后投篮开始，每个关卡投进一球则可到下一关，投不进则到队尾排队继续投，以此类推，直到闯完最后一道关卡 （4）谁最快闯完关卡则获得胜利
游戏进阶	（1）增加没关卡的进球数，或者逐渐增加进球数 （2）改为运球投篮或者三步上篮 （3）增远投篮的距离
游戏退阶	（1）减少每关的进球数 （2）降低得分标准，碰到篮筐 / 篮网即视为进球 （3）缩短投篮的距离

注意事项	（1）每支队伍的人数不宜过多，3~5 人为宜，以规避排队浪费时间 （2）不要只注重投篮的结果，还要强调投篮的动作规范，动作不标准投进也无效，动作标准，没有投进也视为投进 （3）关注能力较弱的小球员，降低他们的得分标准，例如碰到篮网 / 篮筐即视为进球
教学建议	要根据小球员的能力合理的设置目标和得分标准

第三阶段：消极对抗阶段

游戏名称	追逐投篮
游戏目的	提升在消极防守情况下的投篮能力
所需器材	（1）两人一组，每组一个篮球 （2）4 个标志桶
游戏规则	（1）两人一组，一个篮球 （2）在球场中线摆放一个标志桶，向前 3~5 米处放置另一个标志桶 （3）持球队员位于前面的标志桶后排成一队，无球的球员在中线的标志桶排成一队 （4）听到教练口令后持球队员向篮筐运球急停投篮，无球队员则追防 （5）球进篮筐、无球队员抢到篮板球或将球破坏出界则结束，两人互换进攻和防守角色
游戏进阶	缩短两人出发时的距离，使投篮人在最短的时间内投篮
游戏退阶	增加两人出发时的距离，为投篮人争取充分的投篮时间
注意事项	（1）无论进攻还是防守，都不能提前出发 （2）要提前规定好返回的路线，统一从边线回，避免从中间回发生碰撞和降低练习的效率
教学建议	（1）出发前两人之间的距离一定要由远到近慢慢进阶 （2）强调技术的规范性，淡化是否进球，如果动作标准，即使没有投进球也应该给予表扬 （3）尽量将能力相当的小球员分到一组 （4）每队人数 3 组左右为宜，如果人数较多，则可两个半场同时开始

游戏名称	三人两球
游戏目的	提升小球员接球急停投篮的能力，培养投篮冲抢篮板的习惯和提升传接球能力
所需器材	篮球 2~4 个
游戏规则	（1）每组 3 人，计时 2 分钟 （2）自己投篮，自己抢篮板球，然后将球传给没有球的队友 （3）时刻做好接球准备姿势，接到球跳步急停投篮 （4）无球人不能站在原地等球，要在移动中接球 （5）以此循环，直到两分钟结束

游戏进阶	传球给队友后迅速向前伸手干扰
游戏退阶	在原地接球跳步急停投篮
注意事项	合理竞争，引导小球员与自己竞争，例如第二组比第一组投进得多还是少，有没有达到教练的规定数量等
教学建议	（1）提醒小球员注意沟通，保持专注，避免两个球传向一个人导致被球砸到，可规定接球人向谁伸手谁就传球 （2）小球员投篮的距离不要太远，篮筐附近 3 米左右即可，避免追求远度而忽略了投篮动作的规范性

第四阶段：实战练习阶段

游戏名称	多打少投篮赛
游戏目的	提升小球员在比赛情景下的投篮技术运用能力
所需器材	标志桶 3 个，篮球 3 人一个
游戏规则	（1）在中圈的圆圈顶部和半场的两个边角分别摆放一个标志桶，将队伍分成 3 个队 （2）3 人一组，中间的小球员防守，两边角的小球员进攻，持球方位于左侧或右侧 （3）听到教练口令后开始攻防，进攻方可通过上篮或接球急停投篮的方式终结 （4）防守球员抢到防守篮板或者进攻球员将球打进，则一次练习结束 （5）从底线和边线返回，三人交换位置，轮流到中间防守
游戏进阶	（1）运球、传接球和投篮组合练习。从底线开始，运球绕过和跑过中间的标志桶后进攻 （2）限制运球次数或者不能运球
游戏退阶	将防守人的位置向后移动，为进攻球员争取更多的进攻时间
注意事项	（1）无论进攻还是防守，都不能提前出发 （2）持球人出发时注意不要走步，一定要先动脚再放球
教学建议	（1）强调技术的规范性，淡化是否进球，动作标准，即使没有投进球，也应该给予表扬 （2）尽量将能力相当的小球员分到一组 （3）每组人数 3 人左右为宜，如果人数较多，可两个半场同时开始，每个半场两个组

游戏名称	以少防多
游戏目的	提升小球员在比赛情景下投篮和传接球技术的运用能力
所需器材	篮球 1 个

续表

游戏规则	（1）5名球员进攻，2名球员防守 （2）5名球员分布在外线，其中一人持球，两名防守球员位于限制区内 （3）听到开始指令后，防守球员上前防守，进攻球员通过传导球来躲避防守，寻找投篮机会 （4）进攻球员需传球5次后才能获得投篮机会，如果中途被抢断，则防守球员和传球失误球员交换位置和角色 （5）进攻球员必须同时喊出传球的次数，获得投篮机会，如果投进，则防守方做2个深蹲，如果投篮不进，则进攻方做5个深蹲
游戏进阶	增加防守球员，从而增大防守压力
游戏退阶	减少防守球员，更容易获得投篮机会
注意事项	有的小球员为了躲避防守，会出现抱球跑的现象，或者慌乱地将球传给队友的现象，教练要提醒小球员注意在高压防守时技术规范的重要性
教学建议	如果小球员依靠传接球寻找投篮机会比较困难，则可以适当增加运球次数来创造投篮机会

5 幼儿投篮技术常见问题与解决方法

错误一：双脚没有平行站立，而是内八（图7.2.28）或前后开立（图7.2.29），正确动作可见图7.2.30。

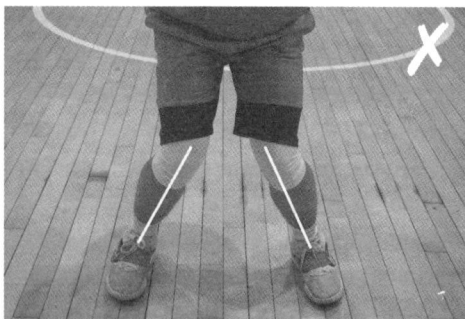

图7.2.28　"内八"

图7.2.29　前后开立

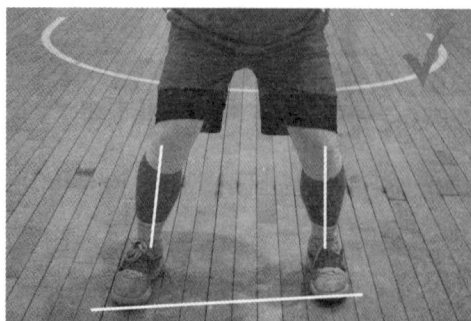

图7.2.30　平行站立

解决办法：徒手练习投篮蹲起动作，从原地练习进阶到行进间练习，动作模式稳定后持球练习，但要先淡化篮筐，通过向上投高或近距离练习来巩固。

错误二：降低重心时通过膝盖主导（图 7.2.31），造成膝盖超过脚尖，而不是屈髋主导，正确动作可见图 7.2.32。

图 7.2.31　膝盖主导　　　　图 7.2.32　屈髋主导

解决办法：坐凳子蹲起，背对墙蹲起。

错误三：持球时投篮手掌心没有朝前，而是朝上（图 7.2.33）或朝侧面（图7.2.34），正确动作可见图 7.2.35。

图 7.2.33　投篮手掌心朝上　　　图 7.2.34　投篮手掌心朝侧面

图 7.2.35　投篮手掌心朝前

解决办法：练习单手胸前传球动作。

错误四：平衡手的手掌没有朝向投篮手（图 7.2.36），手指没有指向斜前方或上方，而是偏向侧面，正确动作可见图 7.2.37。

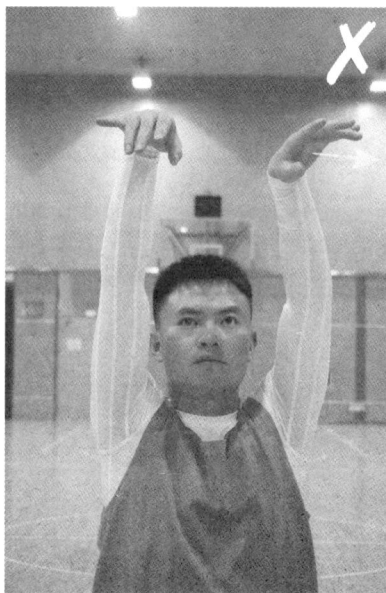

图 7.2.36　平衡手的手掌没有朝向投篮手

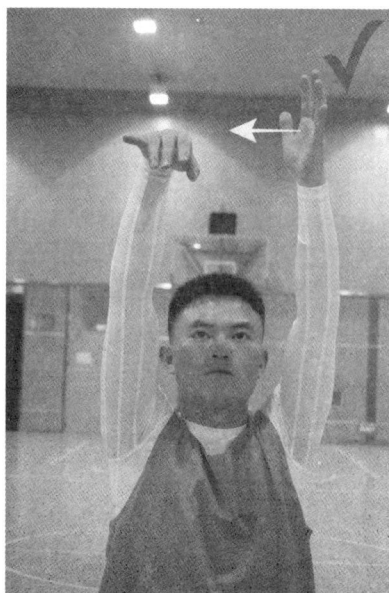

图 7.2.37　平衡手的手掌朝向投篮手

解决办法：把平衡手比作一把宝刀，只有在竖直的状态下才最锋利。

错误五：平衡手过早放下（图 7.2.38），正确动作可见图 7.2.39。

图 7.2.38　平衡手过早放下　　　　图 7.2.39　平衡手保持

解决办法：用一条绳子将双手手腕连接起来。

第三节　运球技术

1 幼儿运球技术的基本理念

一、趣味性是第一要素，机械、枯燥的练习不可取

趣味性是幼儿篮球活动最重要的元素之一。幼儿阶段培养小球员对于篮球活动的兴趣，是今后继续参与篮球运动的先决条件。由于幼儿生理和心理发展的特殊性和可

塑性，活泼好动、好奇心强是他们的特点。因此，在运球技术活动中避免原地和小范围的机械重复单一动作，枯燥、一成不变的组织形式也要避免。教练应该通过生动的讲解、夸张的示范、系统的组织、好玩的游戏、适龄的方法提高幼儿参与篮球活动的兴趣。

二、目的性是指导思想，盲目、花式的方向不正确

美国篮球教学视频 *Better Basketball* 中提出需要运球的五种情况：①向前推进；②帮自己摆脱防守；③为自己创造出手终结的机会；④制造更好的传球路线；⑤给队友创造处理球的机会。运球要带有目的性，杜绝盲目、花式的运球，否则可能会：①浪费己方进攻时间；②增加失误，挫伤球队士气；③缺乏目标，在赛场上不知道自己该做什么；④丧失兴趣，无球人触球时间减少，挫伤其对篮球的乐趣。

三、差异性是现实存在，统一、不变的安排不科学

小球员之间存在差异性是篮球活动中不可避免的现象，需要教练因材施教。小球员的能力有强弱之分，同一项活动对于能力强的小球员可能刚好能完成，但是对于能力较弱的小球员可能无法完成，或者同一项活动对于能力较弱的小球员能接受，但对于能力较强的小球员则过于简单。因此，教练需要因材施教，例如运球活动中能力较强的小球员用弱侧手练习，而能力较弱的小球员则用强侧手练习，避免造成能力较弱的小球员失去兴趣，能力较强的小球员"吃不饱"的现象。左右手之间也会存在差异性，为了避免以后出现强、弱侧手之分的现象，科学的干预必不可少，曙光教练建议强侧手和弱侧手的训练负荷比例为1:3。

篮球运动是一项攻防结合的运动，要想知道幼儿阶段的小球员需要掌握哪些运球进攻技术，需明白在运球进攻时会出现哪几种防守情况。*Better Basketball* 提出了运球进攻时会面临的三种基本防守情况：①占据有利防守位置，但离球较远；②处于极佳的防守位置，近身贴防时刻准备破坏和抢断；③防守者完全失位，顾此失彼。《美国青少年篮球发展指南》提出幼儿阶段需要掌握运球推进的能力，曙光篮球团队在长达15年的幼儿篮球执教研究中发现，幼儿阶段至少要掌握四种基本的运球技术——控制型运球、护球型运球、速度型运球、变速运球。

2 幼儿运球技术动作图解

一、基础的四种运球

（一）控制型运球（图 7.3.1）

1. 使用情况
防守者占据有利防守位置，但离球较远。一般发生在从后场推进到前场时。

2. 动作要领
（1）保持屈膝、抬头、背部挺直。
（2）脚和肩膀正对防守人。
（3）运球高度在大腿以下。

图 7.3.1 控制型运球

（二）护球型运球（图 7.3.2）

1. 使用情况
处于极佳的防守位置，近身贴防时刻准备破坏和抢断。

2. 基础的护球型运球
（1）双脚前后错开，膝盖弯曲。
（2）前腿、臀部和前臂在球和防守人之间保护球。

（3）保持低重心，降低运球高度。

（4）球的落地点在远离防守者的那条腿周围。

图 7.3.2　护球型运球

3. 护球型运球移动——向前滑动（图 7.3.3）

（1）前腿、臀部和前臂在球和防守人之间保护球。

（2）球位于后脚附近或前面。

图 7.3.3　护球型运球——向前滑动

4. 护球型运球移动——向后拖动（图 7.3.4）

（1）前腿、臀部和前臂在球和防守人之间保护球。

（2）球位于后脚附近或后面。

图 7.3.4　护球型运球——向后拖动

（三）速度型运球（图 7.3.5）

1. 使用情况

防守者完全失位。

2. 动作要领

（1）将球扔向身前的地板，然后加速控制球。

（2）将手腕尽量向后弯曲至 90 度，然后每次运球用力向前推。

（3）运球的高度在腰部和胸口之间。

图 7.3.5　速度型运球

（四）变速运球

急停后加速

（1）靠近防守队员前降低重心，采用短而快的脚步急停。

（2）同边加速运球手的手掌触球的后中部（图 7.3.6）。

图 7.3.6　手掌触球的后中部

（3）换边加速运球手的手掌触球的侧中部（图 7.3.7）。

图 7.3.7　手掌触球的侧中部

二、高阶的运球技术

从幼儿阶段小球员的生理和心理发展程度、注意力集中时间和比赛的实用性出发，曙光教练建议换手运球技术以体前换手运球技术为主，变速运球技术以基础的运球急停急起技术为主。

换手运球

1. 护球型体前换手运球

（1）前腿、臀部和前臂在球和防守人之间保护球。

（2）运球滑步后拉获得足够的换手空间。

（3）球落地点尽量在防守球员腿的外侧，避免在中间（图7.3.8）。

（4）加速紧贴防守人突破。

图 7.3.8　球落地点

2. 速度式体前换手运球

（1）靠近防守队员前采用短而快的脚步。

（2）球落在防守球员腿的外侧（图7.3.9）。

（3）眼睛看向要移动的反方向。

（4）身体紧贴防守人，用远离防守人的手运球。

图 7.3.9   球落地点

3 幼儿运球技术游戏化活动

第一阶段：徒手练习阶段

游戏名称	运球"砸地鼠"
游戏目的	培养球感及运球发力的动作模式
所需器材	篮球若干
游戏规则	（1）在规定区域内进行地滚球（"种西瓜"）练习，教练吹哨之后地上出现"小地鼠"，小朋友需要通过单手运球的技术"砸地鼠" （2）听教练口令，有几只"地鼠"就运几次球
游戏进阶	可以连续拍，中途不断
游戏退阶	球性不好的小球员可以使用双手运球，但还是鼓励用单手运球
注意事项	（1）运球在身体侧面，避免球反弹砸到头部 （2）手指放松自然打开，避免受伤
教学建议	（1）语言描述需要生动有趣，吸引小球员 （2）可以使用夸张的示范激起小球员练习的兴趣

游戏名称	拍气球
游戏目的	感受运球发力的感觉
所需器材	气球若干
游戏规则	将气球抛高之后徒手向前或者向下拍气球
游戏进阶	将气球换成篮球
游戏退阶	原地练习运球发力的动作
注意事项	不能踩、踢气球
教学建议	（1）语言描述需要生动有趣，吸引小球员 （2）可以使用夸张的示范激起小球员练习的兴趣

第二阶段：有球练习阶段

游戏名称	反应运球游戏（红灯停，绿灯行，黄灯等一等）
游戏目的	（1）培养小球员变速运球的能力 （2）养成运球抬头的好习惯 （3）间接培养小球员的交通安全意识
所需器材	每人一个篮球，红色、绿色和黄色标志盘若干
游戏规则	（1）将小球员分成人数均等的小组，每小组 3~5 人为宜 （2）每人一个篮球视为"小汽车"，每个小组前面 8 米左右安排一名小球员手拿三种颜色的标志盘充当"红绿灯" （3）听到教练出发的口令后，第一辆"小汽车"向"红绿灯"运球前进，当看到亮起"红灯"时，则停下来做三威胁动作；当亮起"绿灯"时则直接加速等过；当亮起"黄灯"时则数 2~3 秒后换手运球加速通过。其余"汽车"依次进行
游戏进阶	增加一些进阶动作，例如运球后撤加速，体前变向
游戏退阶	可从运球状态改为抱球跑或者无球跑动状态
注意事项	（1）在前进路线上距离"红绿灯"3.5 米左右摆放一个标志物，以提醒"红绿灯"亮灯和"汽车"要预判做出决策 （2）规定每个小组做完动作回来的路线，避免场面混乱，发生意外 （3）尽量让每个小球员都有充当"红绿灯"的机会 （4）不能只练强侧手，建议弱侧手的练习量是强侧手的 3 倍
教学建议	（1）在教学过程中加入一步急停的技术 （2）急停时注意球要放在投篮口袋区域 （3）运球时需要避免走步

游戏名称	运球盖高楼
游戏目的	培养小球员沟通能力、反应能力
所需器材	篮球若干
游戏规则	（1）在规定区域内进行运球，想象每人使用一辆小卡车运着一层房子，教练发出口令之后小球员迅速将篮球叠在一起 （2）落单的小球员需要接受相应的惩罚 （3）不能使用双手运球，并且两只手都需要尝试运球 （4）教练发出"房子塌了"口令之后，需要重新开始一轮新的游戏
游戏进阶	（1）要求必须使用变向换手运球 （2）教练的口令由声音变为手势，培养小球员运球抬头的习惯
游戏退阶	运球能力不强的小球员可以在篮球场进行地滚球练习再叠房子
注意事项	（1）教练员要把握好口令，尽量让球员不落单 （2）盖房子过程中需要小球员不断沟通 （3）不能只练强侧手，建议弱侧手的练习量是强侧手的3倍 （4）时刻提醒小球员需要抬头观察教练员的信号
教学建议	（1）教练使用多种信号来引导小球员"盖房子"，例如声音、手势、算术题等 （2）教学中强调沟通的重要性，让小球员开口说话

第三阶段：消极对抗阶段

游戏名称	保卫森林
游戏目的	（1）开发小球员无球手的使用 （2）锻炼小球员的观察能力
所需器材	标志桶若干、篮球若干、两种颜色的分队服
游戏规则	（1）将标志桶（"小树"）放在球场，利用分队服的方式将球员分为两队，一队负责"砍倒小树"（碰倒标志桶），一队负责"种树"（扶正标志桶），同时运球必须利用无球手进行 （2）运球同时用无球手完成砍树与种树，如果出现抱球跑或者用脚踢则退出游戏 （3）规定时间内比较砍倒的"小树"和种的"小树"的数量，数量多的一队获胜
游戏进阶	（1）要求使用一次变向运球之后再完成"砍树""种树" （2）扩大游戏范围，增大小球员的跑动距离
游戏退阶	（1）教练作为"砍树"一方进行游戏 （2）运球能力弱的球员可以抱球进行游戏
注意事项	（1）不能只练强侧手，建议弱侧手的练习量是强侧手的3倍 （2）把握好间距，避免碰撞 （3）主要抓教学质量，对不遵守规则的小球员需要做出惩罚
教学建议	（1）教练可以限制运球次数，让小球员提升运球的效率 （2）教练需要强调规则意识

游戏名称	运球躲避球网（"捕鱼"游戏）
游戏目的	（1）培养小球员运球抬头的习惯 （2）培养小球员运球躲闪的能力
所需器材	（1）捕鱼网一个（装篮球的网兜、材质柔软的大圆圈等） （2）每人一个篮球
游戏规则	（1）小球员在球场里运球移动，教练在球场外"撒网捕鱼"，小球员要躲避，避免被"渔网"捕到 （2）被捕到的"小鱼"被淘汰，或者在球场外运球 20 次才能"复活"
游戏进阶	（1）强调运球不能停下来，必须快走或者跑动 （2）增加复杂度，例如听到一声口哨做体前变向，听到两声口哨则运球后撤接体前变向
游戏退阶	（1）扩大游戏场地的范围，使他们逃躲更容易 （2）对于能力较弱的球员，可采用抱球跑动或慢速运球
注意事项	（1）活动的激烈程度要由低到高，让小球员有一个适应的过程 （2）教练要控制好小球员的间距和他们移动的速度，避免发生碰撞 （3）强调动作质量，不按要求做动作的球员则暂停游戏一分钟或者球场外运球 20 次
教学建议	（1）练习节奏需要控制好，避免速度过快发生安全事故 （2）让孩子发挥想象力，利用各种运球技术进行游戏

第四阶段：实战练习阶段

游戏名称	"鲨鱼"抓"小鱼"
游戏目的	（1）练习小球员运球突破防守队员的能力 （2）练习小球员运球改变方向和速度的能力
所需器材	（1）每人一个篮球 （2）3~5 件队服
游戏规则	（1）教练挑选 3~5 名小球员穿上队服充当"鲨鱼"（根据球员数量决定"鲨鱼"的数量），其他的小球员则是"小鱼" （2）"小鱼"依次排开，持球站在边线后面，"鲨鱼"则在球场中间 （3）听到教练"开始"的口令后，"小鱼"需避免被"鲨鱼"抓到，同时运球到对面的边线 （4）被抓到的"小鱼"接受对应的"惩罚"（深蹲 3 次、左手运球 10 次等）。直到最后产生没有被抓到的 3 名球员则游戏结束（胜利者的数量根据练习人数而定）
游戏进阶	增加游戏的难度，增加"鲨鱼"数量，提高运球躲避的能力
游戏退阶	降低游戏的难度，减少"鲨鱼"的数量，增大活动的面积
注意事项	（1）出发时控制好"小鱼"的间距，并提醒注意观察，防止碰撞 （2）强调动作的质量，不能为了不被抓到而抱球跑 （3）注意强弱侧手均衡练习，建议弱侧手的练习量是强侧手的 3 倍
教学建议	（1）控制练习节奏，避免受伤 （2）鼓励小球员使用弱侧手进行练习

游戏名称	运球"大乱斗"
游戏目的	培养小球员对抗下运球的能力
所需器材	每人一个篮球
游戏规则	（1）规定区域内小球员运球对抗，保护好自己球的同时还要攻击别人的球 （2）小球员脚踩出界或者球出界则游戏结束，直到分出最后的胜者 （3）人数越少，则活动的范围越小
游戏进阶	增加游戏的难度，教练参与进攻，提高小球员运球躲避的能力
游戏退阶	降低游戏的难度，增大活动的面积
注意事项	（1）注意不能故意推人打人，并提醒注意观察，防止碰撞 （2）强调动作的质量，不能为了躲避而抱球跑 （3）注意强弱侧手均衡练习，建议弱侧手的练习量是强侧手的 3 倍
教学建议	（1）控制练习节奏，避免受伤 （2）鼓励小球员使用弱侧手进行练习

4 幼儿运球技术常见问题与解决方法

问题一：运球重心太高（图 7.3.10），正确动作可见图 7.3.11。

图 7.3.10　重心太高　　　　图 7.3.11　重心正常

解决办法：用一条略高于小球员膝盖的凳子放在臀部下方，要求小球员臀部紧贴凳子，但是不完全坐在凳子上，体会降低重心的感觉。

问题二：球落地的位置在两腿中间（图 7.3.12），正确动作可见图 7.3.13。

图 7.3.12　球落在两腿中间　　　图 7.3.13　球落在脚外侧

解决办法：

1. 在运球手一侧的脚尖侧前方画一个圆，要求小球员每次运球都尽量落在圆圈上；

2. 进行弧线运球，例如沿着三分线运球。

问题三：仅用小臂发力运球，而不是整只手臂（图 7.3.14），正确动作可见图 7.3.15。

图 7.3.14　小臂发力　　　　　图 7.3.15　整只手臂发力

解决办法：要求小球员运球时大臂和身体的夹角增大，而不是贴着身体。

问题四：用掌心拍打球，而不是用指根和手掌按压球（图 7.3.16），正确动作可见图 7.3.17。

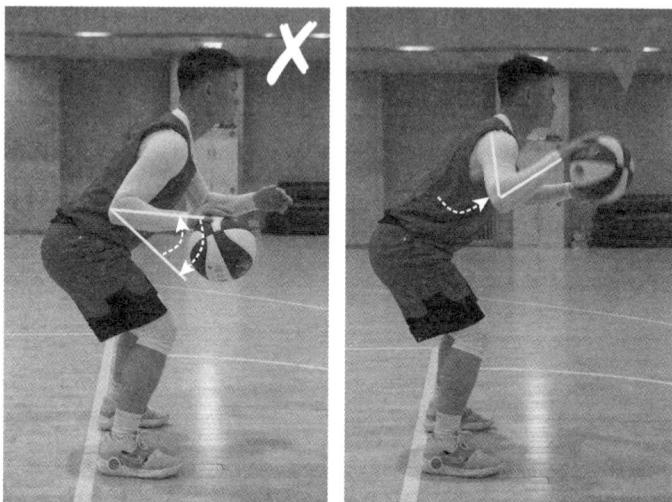

图 7.3.16　只用掌心拍打球　　图 7.3.17　指根和手掌按压球

解决办法：强调五个手指略微向下，形成一个"吸盘"状，而不是向上翘起，并告诉他们手要像"吸盘"一样把球吸起来，然后再放回去，手尽可能与球接触更长时间。

问题五：低着头运球（图 7.3.18），正确动作可见图 7.3.19。

图 7.3.18　低头运球　　图 7.3.19　抬头运球

解决办法：以趣味性的方式引导球员抬头，例如，运球数教练的手指数目、面对面运球观察对方运球有哪些优点和缺点等。

第四节　防守技术

1 幼儿防守技术的基本理念

一、不使用联防和紧逼，人盯人防守是基础

《美国青少年篮球发展指南》《国际篮联教练员指导手册》明确地指出 12 岁以前不允许使用区域联防和紧逼防守，人盯人防守是最适合青少年的防守方式。人盯人防守能获得更大的移动空间，对小球员的进攻技术、防守技术、运动能力、篮球智商、个性和品格的发展都更加有益。因为区域联防和紧逼防守比人盯人防守所需练习的时间短、见效快，同时想用比赛胜利去取悦家长并显示训练营的"专业性"，国内很多培训机构和篮球联赛依然采用区域联防和紧逼防守。不可否认，区域联防和紧逼在短期内会帮助球队快速获得一些"廉价"的胜利，但是，长远来看对小球员的发展百害而无一益。

二、淡防守、抓进攻，建立小球员信心是重点

幼儿阶段的小球员强调淡化防守而发展进攻的能力和信心。因为幼儿的生理和心理发展的特点，不建议专门练习一些防运球、投篮、传球等技术的防守技术。《美国青少年篮球发展指南》《国际篮联 mini 级教练指导手册》提倡专门学习防守技术之前强调先建立球员进攻技术运用的自信心。当然，淡化防守不是不练防守，在幼儿阶段，曙光教练建议个人防守技术以学习合理的防守姿势和基础的横向移动为目标，团队防守理解一个防守球员防守一个进攻队员的概念。

2 幼儿防守技术动作图解

一、防守的基本姿势（图 7.4.1 和图 7.4.2）

（1）双脚开立，略宽于肩膀，保持稳定性。

（2）膝盖弯曲，角度略大于 90 度，为快速移动做准备。

（3）身体紧绷，后背微弯，保持灵活性。

（4）头部位置：保持在膝盖和双脚的垂直上方，以便快速反应。

（5）手部位置：前手掌心朝上，后手掌心朝前，准备拦截传球。

图 7.4.1　基本姿势正面　　图 7.4.2　基本姿势侧面

二、基础的横向移动（图 7.4.3）

（1）脚步推进：用与移动方向相反的脚蹬地，另一只脚跨出一大步。

（2）手臂摆动：摆动手臂以增加移动速度。

（3）脚步轻盈：保持脚步接近地面，以减少移动阻力。

（4）头部稳定：确保头部移动轨迹与地面平行，避免上下起伏影响速度。

图 7.4.3　横向移动

三、正确的防守位置

（1）位置理念：教导防守者始终保持在进攻球员和篮筐之间的位置，即"球 – 我 – 篮筐"（图 7.4.4）。

（2）追赶对手：如果被对方超过，要迅速加速跑到进攻球员前方，而不是从后方或侧面尝试抢断（图 7.4.5 和图 7.4.6）。

图 7.4.4　"球 - 我 - 篮筐"

图 7.4.5　加速追赶

图 7.4.6　跑到进攻球员前方

3 幼儿防守技术游戏化活动

第一阶段：徒手练习阶段

游戏名称	灵活的"小螃蟹"（听指令滑步训练）
游戏目的	（1）练习小球员基本的滑步动作模式 （2）提高小球员的反应能力和滑步的速度
所需器材	四种颜色标志桶若干、粉笔一支
游戏规则	（1）用粉笔在地上画一个圆或五角星，然后在距离这个标志点 2~2.5 米的前后左右方向分别放置一个不同颜色的标志桶 （2）两人或三人一组，依次到标志点上滑步姿势准备，听教练指令，迅速滑步到对应颜色的标志桶，用手触碰一下，然后迅速滑步回到标志点位置，听取下一次指令
游戏进阶	（1）扩大标志桶的范围，增加滑步的距离，加快动作练习的密度，提高训练强度 （2）减少标志桶的数量
游戏退阶	（1）缩小标志桶的范围，缩短滑步的距离，减缓动作练习的密度，降低训练强度 （2）增加标志桶的数量
注意事项	（1）最开始练习时不要过快地追求滑步的速度而忽视滑步的正确发力和标准性 （2）根据小球员的能力设置适宜的负荷强度，切忌强度过大
教学建议	增加小球员之间的互动，例如当一个小球员完成一组防守训练时，其余小球员都需要为他鼓掌或与他击掌

第二阶段：有球练习阶段

游戏名称	滑步保护标志桶（保护"城堡"）
游戏目的	（1）发展小球员横向滑步移动的能力 （2）培养小球员的保护欲、竞争意识和责任感
所需器材	（1）锥形桶若干 （2）篮球 2 人一个
游戏规则	（1）教练将能力相当的小球员分成两人一组，一个保护（防守），一人攻击（进攻） （2）保护方左右各放置一个锥形桶，间隔 3~5 米（可根据小球员能力调整），身后 1.5 米左右放置一个"城堡"。攻击方则位于保护方前面 3 米左右（距离根据小球员的能力增减） （3）听到教练"开始"口令后，攻击方将"炸弹"（篮球）扔过去，企图把"城堡"碰倒，保护方则通过滑步左右移动阻挡"炸弹" （4）2 分钟后进攻方和攻击方交换角色，看谁碰倒"城堡"的次数多
游戏进阶	增大保护方的难度，例如，增大两个标志桶的距离，用两个"炸弹"攻击"城堡"
游戏退阶	降低保护方的难度，例如，缩小两个标志桶的距离，增加攻击方到保护方的距离
注意事项	（1）提醒进攻方通过地滚球的方式"攻击"，不能通过直传球或者击地的方式"攻击" （2）强调动作的质量，左右滑步时重心不要上下起伏
教学建议	引导两个小球员要相互帮助和鼓励，提醒对方动作细节，给对方鼓掌或击掌加油

第三阶段：消极防守阶段

游戏名称	"猫抓老鼠"
游戏目的	（1）解决比赛中找不到自己防守人和追着球跑的现象 （2）提升小球员找到自己对应防守对象的速度 （3）灌输一个人防守一个人的意识 （4）培养团队沟通合作能力
所需器材	篮球数是队员数的一半、两种颜色分队服
游戏规则	（1）把队员平均分为两队，用队服将其分为红队和蓝队，红队为"猫"，蓝队为"老鼠" （2）指定每只"猫"抓对应的"老鼠"（最初教练指定，熟练后由队员自己分配指定） （3）"猫"在边线/底线背对球场内站成一排，"老鼠"则在球场中运球随意跑动 （4）计时开始，"猫"开始抓"老鼠"，在最后一只"老鼠"被抓到后时间停止，两组轮换当"猫"，用时少的一方获胜

续表

游戏进阶	（1）加大活动的范围 （2）采用运双球进行 （3）减少"老鼠"的数量
游戏退阶	（1）运球进行改为抱球跑或者徒手进行 （2）增加"猫"的数量
注意事项	（1）无论是站在底线还是中线，要注意两人间距在 1.2 米以上，否则在转身抓人时容易发生碰撞 （2）有的小队员为了获得优势，往往会抢跑，这种情况是坚决不允许发生的。一旦出现要立即制止，例如取消一次比赛资格或全队折返跑一趟等 （3）防守方容易出现用手抓人的现象，这是一个很不好的防守习惯，要坚决不犯规，并强调贴近进攻队员即可
教学建议	活动中及时给出反馈，可通过表扬做得好的队员（可以是动作或纪律）向其他球员传递动作要点和纪律要求

第四阶段：实战练习阶段

游戏名称	转身找人（"火星撞地球"）
游戏目的	（1）解决比赛中找不到自己防守对象和追着球跑的问题 （2）提升小球员找到自己对应防守对象的速度 （3）灌输一个人防守一个人的意识 （4）培养团队沟通合作能力
所需器材	一个或多个球、一片球场、两种颜色的队服
游戏规则	（1）把队员平均分为两队，用队服分为红队（"火星"）和蓝队（"地球"），红队进攻，蓝队防守 （2）蓝队站在底线背对球场，红队位于中线面对蓝队，并且红队有一名队员拿一个篮球 （3）为蓝队指定对应要防守的对象（最初教练指定，熟练后由队员自己分配）
游戏进阶	（1）增加球的数量，从无球练习到有球练习 （2）扩大活动范围，从半场到全场进阶训练 （3）增加限制条件，不计时变为倒计时，增加游戏的挑战性
游戏退阶	（1）减少球的数量，从有球练习到无球练习 （2）缩小活动范围，从全场到半场的退阶训练 （3）加长计时时间，时间由 15 秒增加到 20 秒
注意事项	（1）无论是站在底线还是中线，要注意两人间距在 1.2 米以上，否则在转身抓人时容易发生碰撞 （2）有的小队员为了获得优势，往往会抢跑，这种情况是坚决不允许发生的。一旦出现要立即制止，例如取消一次比赛资格或全队折返跑一趟等 （3）防守方为了找到自己防守的对象，容易出现用手抓人的现象。这是一个很不好的防守习惯，要坚决不犯规，并强调贴近进攻队员即可
教学建议	活动中及时给出反馈，可通过表扬做得好的队员（可以是动作或纪律）向其他球员传递动作要点和纪律要求

4 幼儿防守技术常见问题与解决方法

问题一：防守都追着球防，造成"扎堆"现象。

解决办法：参考游戏"火星撞地球"和"猫抓老鼠"。

问题二：退防速度慢。

解决办法：时间限制，如果发生球权转换，防守方必须在 4 秒钟以内回到后场防守，超过 4 秒则球权交换。

问题三：习惯直接上手抢球。

解决办法：规定防守队员保持在进攻人和篮筐中间是最重要的，只有运球 / 持球人手中的球掉暴露太多才能伸手抢球。

第 **8** 章

幼儿篮球比赛规范

本章将根据我国小篮球发展的实际情况，参考世界各国的小篮球比赛标准，并结合曙光教练团队数十年的实践探索，给出比赛场地和器材的规范建议。

第一节 幼儿篮球场地与器材规范

场地和器材是篮球比赛顺利实施的必要条件，良好的比赛体验与规范的场地和器材密不可分，只有结合各个年龄阶段的身体发育状况、技术水平、比赛目的等情况合理制定场地标准和器材规范，才能更好地服务于比赛。

1 篮球场地规范

中国《小篮球规则（草案）》中提出：场地规范可根据参赛人数和当地设施进行适当调整，以最适合小球员的标准进行比赛，表 8-1-1 就各国幼儿篮球标准场地数据进行收集和比较。

表 8-1-1 幼儿篮球 U6 组比赛场地标准

幼儿篮球 U6 组比赛场地标准				
	长度	宽度	禁区	缓冲区
中国	14 米	8 米	3×2.4 米	2~3 米
FIBA	28 米	15 米	长 4 米	2~3 米
曙光团队建议	20 米	11 米	2.75×2.35 米	2~3 米

幼儿身体处于发育的早期阶段，体能与技术的发展尚不成熟，为保证小球员能够获得良好的比赛体验感，篮球场规格较成人篮球场规格进行适当调整。中国篮协规定幼儿篮球 U6 比赛场地大小为长 14 米、宽 8 米，较成人篮球场地缩小了近一半，而国际篮联对 U6 组篮球比赛场地规范并未做出明确规范。因为每个国家在篮球发展状况、发展理念等方面存在一定的差异，所以场地的标准也存在一定的差异性。曙光团队经过十余年的实践探索，从小球员比赛中的本体空间感、综合技术及体能等的长期发展出发，结合小球员的身体发育、参赛体验等影响因素，制定出适合中国幼儿阶段的篮球比赛场地标准（参考图 8.1.1）。此外，篮球场的四周应设置缓冲区，减少受伤的风

险。缓冲区的宽度为 2~3 米，缓冲区内禁止摆放其他物品，例如篮球、标志桶、呼啦圈、收纳框及其他一些有潜在危险的物品。

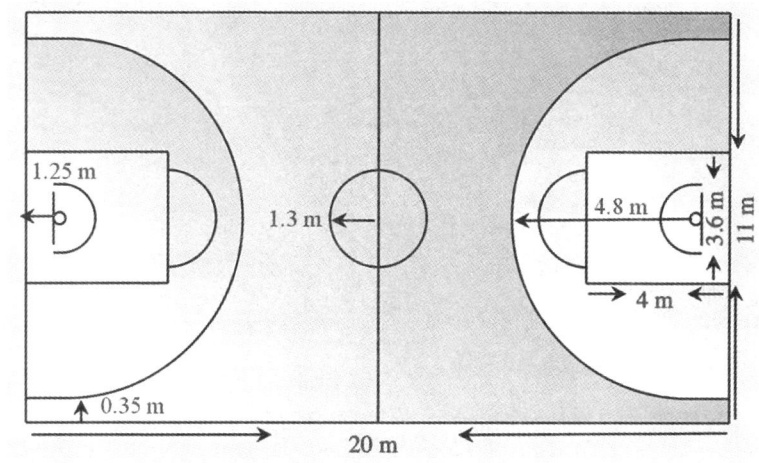

图 8.1.1　幼儿篮球场地标准

2　篮球和篮球架规范

　　比赛的器材是确保比赛顺利进行的重要因素，是篮球比赛不可或缺的一部分。篮球和篮球架是比赛的主要器材。结合小球员的实际情况，采用适合小球员的器材，能更好地激发小球员的比赛兴趣，提高他们的参赛体验。

　　小球员的身体发育状况与成人有异，器材的标准也应不同。为了更好地提高他们的技能，有更好的参赛体验感。世界各国从本国篮球发展理念及实际出发，设置了有利于小球员发展的篮球大小和篮筐高度。曙光团队结合我国幼儿的实际情况，参考各国的器材规范，建议 U6 使用 4 号篮球（直径 20.6 厘米）（图 8.1.2），篮筐高度设置为 2.35 米（图 8.1.3）。篮筐 2.35 米的高度设定基于小球员投篮动作的长期发展考虑，而非只考虑是否更加容易得分。可以用篮球的抛物线作为参考，小球员投出去的球抛物线高度 45°~60°，不能太高，也不能太低，要确保小球员"跳一跳"就能投得到。篮球架的稳固、安全是首要因素，可采用前臂延伸的地埋式或结构稳固的篮球架。篮球架的架体应使用软包，软包的厚度以 5~10 厘米为宜，这样既可以很好地起到缓冲撞击的效果，又不会占用太多的空间。软包的高度以 1.5~1.8 米为宜，这样可以充分地保护小球员，防止其碰撞受伤。

图 8.1.2   4 号篮球

图 8.1.3   2.35 米篮筐

第二节   幼儿篮球比赛参与人员规范

对于幼儿年龄段的小球员参加比赛，工作人员需要营造一个积极的比赛环境，而不是单纯地关注胜负。这样的环境能够为小球员们提供良好的比赛体验。为了实现这一目标，需要教练员、裁判员、记录台工作人员等多方的合作与支持。

1 记录台基本要求

记录台工作人员的职责是准确记录比赛情况，并与球员、裁判和教练员保持有效沟通。为了更好地服务比赛的参赛人员，记录台人员需要了解篮球比赛的基本规则，并遵守以下要求。

1. 赛前准备：赛前 15 分钟到达比赛场地，负责场地布置，并登记球队及球员信息。

2. 暂停请求：当教练员请求暂停时，记录员应在死球或得分后立即通知裁判，并记录暂停时间。暂停结束后，及时通知球员重新上场。

3. 换人申请：教练员申请换人时，记录员应指导小球员在换人区域等待。

4. 记录比赛：根据比赛实际情况填写记录表。当球员犯规次数达到上限时，应提醒裁判。

5. 换人记录：在第一节与第二节之间换人时，应严格记录，按照"五上五下"的规则执行。若有队员重复上场，应提醒裁判并记录技术犯规。

6. 计时要求：每节最后两分钟报时，并在每节比赛结束时鸣笛，通知球员和裁判。

7. 赛后签字：比赛结束后，请双方教练员签字确认，并将记录表提交给组委会备案。

2 幼儿篮球裁判员基本要求

在幼儿篮球比赛中，裁判员不仅是规则的执行者，更是小球员比赛过程中的引导者和教育者。裁判员应该以公平、公正的态度进行执裁，同时考虑到幼儿的技术水平和规则意识，适当调整判罚的尺度。以下是裁判员必须遵守的要求。

1. 赛前准备：提前 15 分钟到达比赛场地，与记录台和同伴沟通，确保对比赛流程有统一的理解。

2. 与小球员沟通：比赛开始前，裁判员应与小球员保持同一高度（如蹲下或单膝跪姿），清晰讲解比赛注意事项。

3. 教育角色：裁判员在执法过程中，应兼具教练员角色，对频繁出现的犯规/违例行为进行简单解释，帮助小球员理解规则。

4. 安全优先：确保比赛安全，裁判员有责任在危险发生前及时介入，防止意外伤害。

5. 引导比赛：在球出界等情况下，裁判员应指导小球员正确进行发球；在争抢球时，及时介入以避免冲突。

6. 沟通协作：与教练员建立有效的沟通机制，共同为小球员创造良好的比赛体验。对教练员不当行为有权进行处罚。

7. 着装检查：比赛前检查球员着装，确保符合规定，如球衣应塞入球裤，禁止佩戴首饰等。

8. 明确判罚：吹哨后立即解释判罚原因，必要时召集球员强调。

9. 规则执行：对走步、二次运球等违规行为进行严格执法，帮助小球员养成良好习惯。

10. 团队协作：双人执裁时，如有判罚争议，应通过协商一致决定，避免个人固执。

3 幼儿篮球教练员基本要求

教练员在幼儿篮球队中扮演着领导者和榜样的角色。在这个模仿阶段，小球员们会受到教练员行为的直接影响。因此，教练员在比赛中应保持冷静和耐心，以自己的行为为小球员树立积极的榜样。作为教练员，您需要遵守以下要求。

一、规则教育与道德教育

1.向小球员传授比赛规则的重要性，强调规则是比赛双方的共同约定，不可违反。

2.教育小球员诚信比赛，反对任何形式的不公平竞争。

二、尊重与体育精神

1.教导小球员尊重对方的教练员、球员和裁判员，培养良好的体育精神。

2.时刻意识到自己的言行对小球员的影响，展现出尊重和礼貌。

三、安全与健康

1.将小球员的安全放在首位，遵循医生的建议处理比赛中的受伤情况。

2.关注小球员的心理健康，确保他们在比赛和训练中感到快乐和自信。

四、教学与指导

1.使用创造性的方法教授篮球技能，使训练更有趣，这样更容易吸引小球员的注意力。

2.根据每个小球员的个性和能力提供个性化的指导和鼓励。

五、沟通与情感支持

1.教练员应具备良好的沟通技巧，能够有效地与小球员和家长交流。

2.提供积极的情感支持，鼓励小球员在面对挑战时保持乐观。

六、团队合作与公平竞争

1.避免过度依赖个别技术较好的小球员，鼓励团队合作和全员参与。

2.确保每位小球员都有平等的上场机会，不剥夺任何小球员参与比赛的权利。

七、热情与榜样作用

1.保持对篮球的热爱，并将这种热情传递给每一位小球员。

2.作为球队的领导者和榜样，教练员应以身作则，保持冷静，用温和的语气与小球员交流。

八、比赛体验与赛后反思

1.提醒小球员享受比赛的乐趣，不能因为比赛中的失误而对他们进行严厉批评。

2.赛后与小球员一起总结，引导他们正确看待输赢，重视过程和体验。

九、持续学习与发展

教练员应不断学习最新的训练方法和篮球理论，以提供最好的指导。

这些要求有助于教练员在技术、心理和道德层面全面指导小球员，为他们提供一个健康、积极的篮球学习环境。

第三节 幼儿篮球比赛基本规则

1 常用规则简介

为了让小球员们获得更好的比赛体验，曙光教练对成人篮球规则进行了适当调整，以适应幼儿的身体发育和技术水平。以下是基于 FIBA 成人规则的特殊执裁规则，旨在更好地指导小球员。

一、进攻特殊规则

1.取消 8 秒进入前场限制和 24 秒进攻时间限制，以提供更多的进攻机会。

2.将限制区 3 秒规则延长至 5 秒，以减少犯规并鼓励更多的篮下活动。

3.不允许使用掩护和挡拆，以简化游戏并降低危险性。

4.取消回场违例，允许更多的球场空间利用。

5.所有进球计两分，罚球计一分，取消三分球，以简化得分系统。

6. 取消有防守情况下的 5 秒违例规则，以鼓励球员自由运球。

二、防守特殊规则

1. 仅允许人盯人防守，不允许区域联防，以促进个人技能的发展。

2. 进球后，防守方必须退回后场进行人盯人防守，不得进行全场紧逼防守。违反规则将先警告，再判罚技术犯规。

3. 在抢夺持球人的球时，若造成身体接触影响持球人移动，将吹罚防守犯规。

4. 投篮时，若防守人碰到投篮人手臂，将吹罚防守犯规并执行罚球。

三、比赛规范

1. 比赛共四节，每节 6 分钟。前三节采用毛时间计时，最后一节采用净时间计时。若比赛结束时双方打平，则进行 5 分钟的加时赛（毛时间）。如仍未分出胜负，将继续加时，直至有一方获胜。

2. 上半场每队有 1 次暂停机会，下半场每队有 2 次。加时赛中每队有 1 次暂停机会。

3. 为确保每位小球员都有参与比赛的机会，第 1 节和第 2 节实行五上五下规则。第 3 节和第 4 节教练可自由调整队员上场，但原则上每名队员至少有一节的比赛时间。

4. 对于顶撞裁判、辱骂对手、使用不文明语言或行为的小球员，将吹罚技术犯规并执行罚篮。情节严重者将被驱逐出场。

5. 教练员应在固定位置指挥比赛，小球员若超出指定区域，将被吹罚技术犯规。

这些规则的调整旨在为幼儿篮球比赛创造一个更加友好和适宜的环境，同时也鼓励小球员们在比赛中学习和发展。

2 幼儿篮球比赛其他规则

幼儿篮球比赛的规则应灵活多变，以适应不同时间、地点和小球员的实际情况。在确保每位小球员都有机会参与比赛的前提下，规则可以根据具体情况进行适当调整。国际篮联（FIBA）针对幼儿篮球的发展，对规则进行了一些调整。以下是曙光教练根据小球员的实际情况推荐的规则，旨在提升小球员的比赛体验和增强其对篮球的兴趣。

一、比赛流程调整

1. 每节比赛进行一半时，比赛暂停以强制换人，确保所有小球员都有参与机会。

2. 得分达到 10 分的球员需要下场休息，但可以在后续比赛中重新上场。

二、犯规处理

1. 球员犯规次数达到 5 次后不会被犯满离场，继续比赛。若球员表现过于粗野，裁判有权将其换下。

2. 比赛中可随时换人，无需等待休息时间。裁判可在必要时暂停比赛以便换人。

三、得分规则变化

1. 罚球区内投篮成功计 3 分，罚球区外投篮成功计 2 分。

2. 经过至少 5 次传球后投中的球计 3 分，以鼓励团队合作。

四、时间控制

14 岁以下的年龄组不使用投球时限钟。进攻球队在前场控球后，时限钟最多计时 32 秒。

五、防守规则简化

1. 不允许夹击，只能有一个人防守控球球员。

2. 对于 10 岁以下的年龄组，尽量减少对走步与非法运球的判罚。裁判应向球员提供步法反馈，必要时暂停比赛进行指导。

六、特殊比赛规则

1. 实行"投篮前传球"规则，要求球队在尝试投篮前至少传球 1 到 3 次。

2. 实施"传球得分"规则，传球给罚球区球员得 1 分，接到传球后投中可额外获得 1 分。

3. "不防守发球"规则，不采用站在前场的方式防守发球进场，防守球员必须站在发球球员旁边。球传出后，传球者和防守者都可进入球场正常进行比赛。

4. "无边线发球"规则，出界、违例或犯规时不同常规的边线发球，而是在球场中线发边线球，发球时必须传球。

七、小型篮球比赛

鼓励开展小型篮球比赛（如 2v1、2v2、3v2、3v3 或 4v4），以提高球员的运动水平和篮球技能。

第四节 幼儿篮球比赛礼仪

中国自古以来就是礼仪之邦,在篮球运动中,礼仪不仅是衡量一个球员体育精神的重要标准,更是球队文化和球员个人素质的体现。因此,建立良好的球队文化,培养小球员的优良品格,应从基本的比赛礼仪做起。

1 幼儿篮球比赛礼仪的意义与价值

篮球比赛礼仪是篮球精神的外在表现,它展示了篮球比赛的魅力。通过礼仪,可以提升小球员的参赛体验,让他们感受到团队的归属感和自信心;培养团结协作和互帮互助的精神,逐步增强小球员的团队意识。强调篮球活动对身心健康成长的积极影响,不仅是身体锻炼,也是心灵成长;从小培养对篮球比赛的认识,让小球员更好地体验和参与比赛。

2 幼儿篮球比赛礼仪的具体内容

一、赛前礼仪

1. 球员入场:球员入场时应携带个人物品,放置在指定区域,然后与教练击掌,进入场地。这不仅培养独立性,也养成良好的行为习惯。

2. 热身活动:在热身时,小球员应听从教练指令,认真完成热身练习,并学会感谢他人的帮助,如有不慎给他人造成不便,应及时道歉。

3. 入场仪式:由教练带领小球员在罚球线附近排队,向观众鞠躬致意,然后双方球员在中线附近握手,展现友谊第一、比赛第二的精神。

4. 赛前激励:教练在比赛开始前进行赛前激励,提出比赛要求,球员们在各自半场围圈加油,以增强团队凝聚力。

5. 出场仪式:球员们应按照名单顺序坐好,出场时主动与队友和教练击掌,展现出满满的仪式感。

6. 首发队员上场:首发队员列队上场,与裁判和对手握手致意,展现谦虚学习的态度。

二、赛中礼仪

1. 进球庆祝：进球后，球员应主动感谢助攻的队友，并与队友击掌庆祝。教练和替补球员应在场下鼓掌加油。

2. 替换和暂停：替换队员应提前在替换区等候，并与被替换队员击掌。下场的球员应与教练和队友击掌，以示鼓励和肯定。

三、赛后礼仪

1. 结束致意：比赛结束后，双方球员应排队握手，并用语言进行相互肯定，如"打得好""向你学习"，并向教练、裁判、家长和工作人员鞠躬感谢。

2. 场地整理：赛后，球员应整理好个人物品，帮助将比赛用品归位，并清理队伍产生的垃圾，培养责任感。

第 **9** 章

3~6 岁幼儿篮球活动教案设计的逻辑

第一节　教案设计框架

上课是教学的主要工作，但是想要上好课必先备好课。在接手一批小球员时，教练员必须做好学期的教学计划，并且要根据学期教学计划制订周期计划，根据周期计划做好每节课的课时计划（教案）。教案应该包括以下内容：授课班级、授课时长、授课时间、授课地点、授课人数、教学目标、教学重难点、教具、教学过程等（图 9.1.1）。

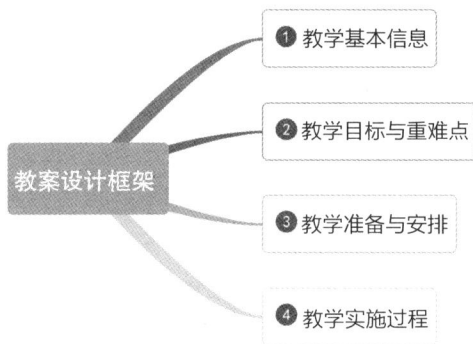

① 教学基本信息

② 教学目标与重难点

教案设计框架

③ 教学准备与安排

④ 教学实施过程

图 9.1.1　教案设计框架

1 教学基本信息

教学基本信息是教练员备课的基础，如果不了解小球员的基本情况，则教练员的备课就会没有目的且笼统。教学基本信息包括授课班级、授课时长、授课时间、授课地点、授课人数、授课教练六个方面。如果是新接手的班级，教练员掌握了以上信息便可以进行初步的教学设计。当教练员经过几次课的熟悉之后，就需要根据小球员的情况专门设计学期的目标。若教练员了解学员情况，则需在学期开始前就制订详细的学期教学计划。

2 教学目标与重难点

一、教学目标

曙光教练的教学目标不同于常规体育课的教学目标，我们所设计的教学目标更加具体，更加贴合实际。教学目标的设定要注意：不能设计得过于简单让小球员能够轻易达到；也不能设计得过于困难让小球员无法触及，这两种目标的设定都失去了目标对于小球员的激励作用。在设计教学目标时应优先选择那些小球员通过一定的努力可以达到的目标，这样才能够激起小球员训练的热情。目标设计包括技能方面、认知方面、情感与价值观方面三个目标。

（一）技能方面：曙光教练建议技能目标的描述需具体、直观，每项技能都要量化次数。例如，每个球员每节课运球推进至少 20 个来回，每个球员每节课运球一步急停至少 80 次，每个球员每节课至少完成 60 次投篮动作。

目标的量化是使目标由抽象到具体的重要一步。将目标转化为可量化的指标，在具体实施时才有章可循，量化的目标也能够很清晰地判断出本节课的任务是否达成或接近。在幼儿阶段，对幼儿进行篮球运动的训练，能均衡地增强孩子的身体素质和其他各器官的功能（篮球运动依赖于正确的传、接、投、运及起动、快跑、转身和急停等动作技术），从而进一步促进孩子的全面发展。

（二）认知方面：让幼儿理解各项技能的动作要领，并且能够说出动作要领。例如，每个球员能够说出投篮跟随动作的动作要领，每个球员可以说出一步急停的动作要领。

（三）情感与价值观方面：在幼儿阶段要强调规则意识，尤其是在前几节课时，一定要将规则意识作为重点。后期再通过丰富多彩的体育运动与游戏培养幼儿创新、竞争、合作的意识与能力，促进其自尊心、自信心及抗挫折能力的发展。篮球作为一种全身运动，同时承载着实现健身、启智、育德、培养和发展个性等多方面的教育目标。

二、教学重点与难点

（一）教学重点：是指学生必须掌握的基础知识与基本技能，是基本概念、基本规律及由内容所反映的思想方法，也可以称为教学的核心知识。教学重点是教练员在训练过程中重点练习的某项具体技术，是教练员根据小球员的技术水平所处的阶段主观决定的。

（二）教学难点：是指学生不易理解的知识或不易掌握的技能技巧，是学生在学习过程中出现的学习困难，是客观存在的技术要点，此时教练员需要给出针对性的解决方法。

③ 教学准备与安排

课前教练员需要做好充分的准备工作，包括准备教案、教具、教学场地等。上课当天提前 15 分钟到教学现场准备教具，排查场地安全隐患，保证教学万无一失。

同时教练员在设计教案时要安排好准备部分、开始部分、基本部分、结束部分及补水环节的时间。以一个小时的幼儿篮球课为例：补水次数应该是 4~6 次，所花时间为 5 分钟左右，开始部分时间为 8~10 分钟，根据天气可稍微延长；结束部分为 5 分钟，其余时间均为正式的练习时间。做好以上的准备工作就可以正式开展教学了。

4　教学实施过程

教学实施过程按顺序分为准备部分、开始部分、基本部分、结束部分四个环节。每个部分都有其独特的作用，下面曙光教练一一为大家讲解。

一、准备部分

准备部分是教学实施的第一步，把准备部分做好，课程就成功了一半。准备部分的任务如下。

（一）整理队列队形：按照教练的要求站好队伍。

（二）检查着装：检查衣物、首饰是否符合篮球课的要求，若不符合则需要做出调整。

（三）摆放水杯：水杯摆放非常重要，因为集体补水时会出现一大批小球员同时向一个区域行动的情况，所以水杯要摆放在空旷的地方，以此避免安全问题。

（四）强调纪律：每节课都强调 1~2 条规则，通过长期灌输规则意识让小球员形成好的习惯。

（五）教练员自我介绍：教练员取一个卡通人物的名字（例如，超人教练）或者以动物命名的名字（例如，鲨鱼教练），这会让小球员快速对教练员产生兴趣，以便后期活动的开展。

（六）"破冰"游戏：准备部分需要为一堂课做好"预热"，通过一些"破冰"小游戏迅速吸引小球员的注意力，让小球员在期待中开始一堂篮球课。

二、开始部分

开始部分的主要工作是进行热身活动。运动前充分的热身能够有效地预防受伤，提前激活小球员的身体，也能够获得更好的运动表现。小球员在活动之前，机能能力和运动效率不可能在一开始就达到最高水平，因而需要通过热身调整运动状态。曙光教练将开始部分分为四个环节，分别如下。

（一）有氧跑动：通过逐步升高体温，提高心血管系统对运动的适应能力，提高关节、肌肉的柔韧性。常见的有氧跑动主要是以各类跑的练习为主，例如慢跑、高抬腿跑、直踢腿跑、后摆腿跑、后退跑等。

（二）动态拉伸：最"经济"的拉伸方式，通过快速拉伸肌肉，让肌肉产生回弹来完成，动态拉伸比静态拉伸更能够维持有氧跑动后的体温和心率。动态拉伸可以很好地提升柔韧性，甚至可以增加肌肉爆发力。动态拉伸要遵守一定的顺序，从下到上或从上到下、从两头到中间等，保证身体肌肉关节活动完成。常见的动态拉伸有弓步转体（做过去、跑回来）、抱膝上提（"拔萝卜"）、后拉脚踝 + 手臂向上向前（"超人飞"）、行进间摸前脚尖（"滑滑梯"）。

（三）神经激活：神经激活训练也称为快速反应，目的是通过高频率、低强度的训练来激活小球员的神经系统，从而达到兴奋的状态，一般以灵敏反应训练为主。

（四）专项转化：为本节课的教学重点和教学难点所做的准备，是基本内容的退阶内容，大部分以无球的技术动作为主。

三、基本部分

基本部分是教案设计最核心的环节。其内容是根据教学目标与教学重难点来设计的，是教学目标的具体实施方案。该部分内容如下。

（一）训练内容：训练内容是一堂课最重要的部分。训练内容要根据小球员的实际情况来选择，而不是脱离现实随意地设计。

（二）训练负荷：训练负荷要根据小球员的生长发育水平来设计，同时每个训练都要有负荷的刺激。

（三）训练时长：同一个训练不建议超过 7 分钟（幼儿的时长要更短），若超过特定的时间，小球员注意力会分散，所以为了有效训练，同一练习的时间不宜过长。

（四）训练方法：训练方法选择要适合当前所教授学生的水平。同一个练习要有进阶和退阶的练习方法，因为小球员的水平不一样，我们不能全部统一标准，需要通过训练方法的一些小改变来达到训练目的。

（五）组织形式：组织形式保证简洁高效，讲解要精练。篮球运动是一项需要时刻保持移动的项目，不要出现长时间等待的组织形式，例如排队。

合格的教案设计应该是条理清晰、循序渐进的，并且要将"练什么？怎么练？练多少？"这三个问题解释清楚。

四、结束部分

结束部分是一堂课的结尾，我们通常认为结束部分的主要任务是拉伸缓解疲劳，总结课程的内容。但结束部分还有一个功能就是为下一节课做好铺垫，幼儿不可能记住这一堂课的全部流程，但他们可以记住最后几分钟的练习，所以曙光教练强调在高潮中结束一堂课，我们会在基本部分的结尾衔接一个小游戏。这样可以让小球员意犹未尽，对下节课抱有期待，更加热爱篮球。

五、教学设计模板

授课日期		授课时间		授课班级	
授课人数		授课教练		授课地点	
教学目标	一、技能方面： 二、认知方面： 三、情感方面：				
教学重点					
教学难点					
课前准备			时间安排		
			准备部分：2 分钟 开始部分：10 分钟 基本部分：40 分钟 结束部分：3 分钟 机动时间：5 分钟		
教学内容			组织形式		备注
准备部分：2 分钟					
开始部分：10 分钟 一、热身 1. 有氧跑动 1 分钟 2. 动态拉伸 4 分钟 3. 神经激活 2 分钟 4. 专项转化 2 分钟 喝水休息 1 分钟 基本部分：40 分钟 一、练习一 休息喝水 1 分钟 二、练习二 休息喝水 1 分钟 三、练习三 休息喝水 1 分钟 结束部分：3 分钟					
课后练习					
课后反思					

第二节　幼儿学期教学计划示例（大班）

　　分析：大班的孩子具有一定的基础，每学期的前期注重球员的体能恢复，中后期运动强度可逐渐提升。后期在篮球技术和体能方面要更倾向于朝比赛靠拢，逐渐学习和掌握稍微复杂一些的技术和体能动作，例如运球衔接投篮或上篮、俯卧撑、网球灵敏等稍有难度的动作。大班的孩子接受新知识的能力比中班时期更好，对动作的领悟能力增强，开始逐渐具备自我督导纠正的能力，因此在练习投篮、传球或组合技术动作时，要注意引导孩子学会自我督导纠正，加强意识。训练计划安排如下。

　　1. 15 周训练遵循"循序渐进"原则，保证学生的身体素质、篮球技术水平稳步提升。

　　2. 15 周的训练建议分为 5 个周期，每个周期时间为 3 周。

　　3. 每个周期中每周训练的内容调整 30% 左右；周期间的训练内容视情况可大动。

　　4. 周期间的训练内容是有联系的，并不是独立存在的。

　　5. 整个训练计划在保证学生安全的前提下合理实施。

模块	第周	主题内容
第一周期	1	身体控制：三威胁姿势、一步急停 控球：各种球性练习 运球：加强移动中控制球的能力 投篮：基础投篮动作（以无球动作模式为主） 身体素质：以恢复为主，加强跑跳能力的活动
	2	身体控制：三威胁姿势、一步急停、跑动接一步急停 控球：各种球性练习 运球：加强移动中控制球的能力 传接球：接球技术、双手胸前击地传球、双手直传球（原地）（以无球动作模式为主） 投篮：基础投篮动作（以无球动作模式为主） 身体素质：以恢复为主，加强上下肢力量训练
	3	身体控制：三威胁姿势、一步急停、跑动接一步急停 运球：加强移动中控制球的能力 传接球：双手胸前击地传球、双手直传球（原地） 投篮：基础投篮动作（以无球动作模式为主） 身体素质：以恢复为主，加强下肢力量训练

模块	第周	主题内容
第二周期	4	身体控制：从三威胁姿势起跳 球性与运球：以控制球练习为主 投篮：以强侧手三步上篮为主，主要加强步伐练习 身体素质：以爬行训练为主
	5	身体控制：从三威胁姿势起跳 球性与运球：以控制球练习为主 投篮：原地有球投篮（投高）；加强上篮脚步练习 比赛：改变规则的比赛（例如橄榄球式的比赛） 身体素质：以上下肢力量训练为主
	6	身体控制：从三威胁姿势起跳 运球：加强弱侧手训练 投篮：原地有球投篮（投高）；加强上篮脚步练习 比赛：改变规则的比赛（例如橄榄球式的比赛）
第三周期	7	身体控制：滑步 运球：加强弱侧手训练，全场加速运球 投篮：原地有球投篮（篮下打板）；加强三步上篮练习 传接球：静对动传球训练 身体素质：以单脚的力量训练为主
	8	身体控制：滑步 运球：强力运球 投篮：原地有球投篮（篮下打板）；加强三步上篮练习 传接球：静对动传球训练 个人防守：防守有球球员 比赛：3v3 比赛、限制运球的比赛教学
	9	身体控制：滑步 运球：加强直线脚步移动运球的练习 投篮：运球一步急停投篮练习，加强强侧三步上篮练习 传接球：静对动传球训练 个人防守：防守有球球员 比赛：3v3 比赛、限制运球的比赛教学
第四周期	10	身体控制：滑步 运球：不同方向的运球移动控制、换手运球 投篮：运球急停投篮练习，加强强侧三步上篮练习 组合技术：1v1 抢球 + 确定中枢脚保护球 + 摆脱攻篮（突破） 篮板球：抢到篮板球快攻、一传意识 比赛：3v3 比赛、限制运球的比赛教学
	11	身体控制：单脚移动支撑控制 运球：不同方向的运球移动控制、换手运球 投篮：运球急停投篮练习，加强强侧三步上篮练习 组合技术：1v1 抢球 + 中枢脚确定及保护球 + 摆脱攻篮（突破） 篮板球：抢到篮板球快攻、一传意识 比赛：3v3 比赛、限制运球的比赛教学

模块	第周	主题内容
第四周期	12	身体控制：单脚移动支撑控制 运球：不同方向的运球移动控制、换手运球 投篮：运球急停投篮练习，加强强侧三步上篮练习 组合技术：1v1 抢球 + 中枢脚确定及保护球 + 摆脱攻篮（突破） 篮板球：抢到篮板球快攻、一传意识 比赛：4v4 比赛、限制运球的比赛教学
第五周期	13	运球：抗干扰、绕障碍加速摆脱运球 投篮：全场运球三步上篮 组合技术：1v1 抢球 + 中枢脚确定及保护球 + 摆脱攻篮（突破） 传球：达阵比赛、全场动传静 比赛：4v4 全场比赛
	14	运球：抗干扰、绕障碍加速摆脱运球 投篮：全场运球三步上篮 组合技术：1v1 抢球 + 中枢脚确定及保护球 + 摆脱攻篮（突破） 传球：达阵比赛、全场动传静 比赛：4v4 全场比赛（如果大场地可以用，则调整为标准 5v5）
	15	全场比赛

第三节　幼儿篮球教案示例

一、示例一：大班 1 小时教案

授课日期	年 月 日	授课时长	60 分钟	授课班级	大班
授课人数	12 人	授课教练	曙光教练	授课地点	篮球场
教学目标	一、技能方面： 每个孩子在本节课内运球推进至少完成 20 个来回，运球一步急停至少完成 80 次，至少完成 60 次投篮动作 二、认知方面： 培养小朋友对行进间运球衔接一步急停投篮动作的理解，并能说出其动作要领 三、情感方面： 培养小球员听哨声完成规定动作的良好行为习惯				
教学重点	运球一步急停投篮				
教学难点	一步急停衔接投篮时，运球合球的力度要大且动作要快				

课前准备	时间安排	
一、标志桶 二、垫子 三、粉笔 四、篮球 12 个	一、准备部分：2 分钟 二、开始部分：10 分钟 　　热身：10 分钟 三、基本部分：40 分钟 　　（一）一步急停 10 分钟 　　（二）投篮 20 分钟 　　（三）体能 10 分钟 四、结束部分：3 分钟 五、机动时间：5 分钟	

教学内容	组织形式	备注
一、准备部分：2 分钟 1. 集合排队，放水杯，检查服装 2. 课程导入，破冰		1. 脚踩白线，间隔一臂 2. 注意力集中 3. 水杯放整齐
二、开始部分：10 分钟 （一）有氧跑动 1 分钟 1. 前进后退跑，三来回 2. 高抬腿跑，一来回 3. 后踢腿跑，一来回 4. 前后击掌跑，一来回 5. 胯下击掌跑，一来回 （二）动态拉伸 4 分钟 1. 行进间摸脚尖至边线，慢跑返回 2. 弓步转体至边线，慢跑返回 3. 抱腿提膝至边线，慢跑返回 4. 后拉脚踝至边线，慢跑返回 （三）神经激活 2 分钟 1. 原地小碎步，听哨声冲刺至边线，两次 2. 原地开合跳，听哨声冲刺至边线，两次 3. 原地纵跳，听哨声冲刺至边线，两次 （四）专项转化 2 分钟 1. 行进间一步急停练习，慢速两组 2. 行进间一步急停练习，快速两组 3. 行进间一步急停衔接投篮徒手练习，两组 喝水休息 1 分钟		1. 小球员跑步跑直线，避免撞到一起 2. 小球员跑步到边线转身时，停顿观察确定安全再出发 3. 小球员拉伸时速度要慢，动作需标准 4. 小球员需要听哨声出发 5. 教练多鼓励，可击掌。少说多做 6. 教练注意走动纠错

三、基本部分 40 分钟：运球；一步急停；投篮

（一）一步急停 10 分钟

1. 运球衔接一步急停。20 次一组，共三组。左手运球合球 15 次，右手运球合球 5 次

2. 行进间运球听哨声一步急停。左手运球合球 9 个来回，右手运球合球 3 个来回

3. 一步急停游戏（红绿灯游戏）

教练员发出绿灯指令小球员前进运球，发出红灯指令小球员一步急停呈三威胁姿势

休息喝水 1 分钟

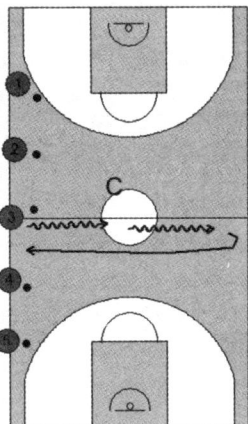

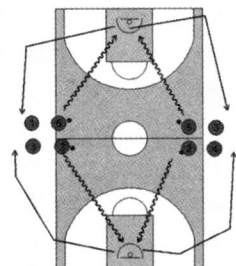

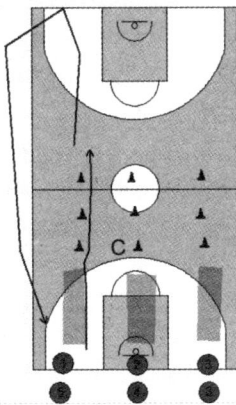

（二）投篮 20 分钟

1. 运球一次一步急停投篮（无篮筐），左手运球合球 30 次，右手 10 次。以上动作为一组做一次

2. 慢速运球两次一步急停投篮（无篮筐），左手运球合球 30 次，右手 10 次。以上动作为一组做一次

3. 慢速运球三次一步急停投篮（无篮筐），左手运球合球 30 次，右手 10 次。以上动作为一组做三次

4. 运球衔接一步急停投篮积分练习

投篮跟随手型做得标准的小球员加 1 分，积分达 10 分则进阶到投篮筐练习

5. 运球一步急停投篮练习

投进加 2 分，跟随手型做得好加 1 分，碰到篮筐或者篮网加 1 分。先达 20 分者胜利

休息喝水 1 分钟

（三）体能游戏 10 分钟

1. 小熊爬 + 跳垫子 5 次

2. 小熊横向爬 + 跳垫子 5 次

3. 小鸭子走 + 跳垫子 5 次

4. 小兔子跳 + 跳垫子 5 次

5. 开合跳 + 跳垫子 5 次

6. 小青蛙跳 + 跳垫子 5 次

休息喝水 1 分钟

1. 保证左右手训练比例为 3∶1

2. 强调推进时球是往前推而不是往下运

3. 运球收球的动作要用力，保证将球拿稳再投篮

4. 小球员如果做不了加速一步急停投篮就退阶到慢速甚至原地小碎步一步急停投篮

5. 投篮不能以投进为目的。要鼓励小球员把手型做好

6. 练习时分三个等级，体能好的小球员要跳过垫子，其余的自己选择。跳跃时需要保护

四、结束部分 3 分钟：放松拉伸 （一）拉伸 1. 夹臂转体，拉伸大臂，大象鼻子 2. 拉伸小臂，小手枪 3. 站立体前屈，擦鞋子 4. 站立抖腿 5. 自己拍打腿部、臀部 （二）总结 1. 集合，总结评价。表现好的提出表扬；表现稍差的给予鼓励 2. 集合加油，带回教室 3. 归还器材		注意孩子们放松动作的准确性，动作标准才能达到放松的目的，有效缓解身体疲劳

	一、技术作业	二、体能作业
课后练习	（一）动作名称：原地高低交替运球 （二）动作要领： 1. 篮球姿势准备，重心降低 2. 运球时大力，目视前方 3. 高运球时以肩膀为轴推按球 4. 低运球时以手腕为轴手指拨动 5. 高运球 3 次后交换 （三）动作组数 / 次数： 男生：左右手各 30 次为一组，做三组 女生：左右手各 20 次为一组，做三组 （四）间歇时间：1 分钟	（一）动作名称：收腹跳 （二）动作要领： 1. 准备姿势：双脚微比肩宽 2. 开始姿势：手臂上摆，双腿收到腹部 3. 结束姿势：屈髋屈膝，双脚缓冲 （三）动作组数 / 次数： 男生：15 个为一组，做三组 女生：10 个为一组，做三组 （四）间歇时间：1 分钟
课后反思		

二、示例二：小班一小时教案

授课日期	年 月 日	授课时长	60 分钟	授课班级	小班
授课人数	12 人	授课教练	曙光教练	授课地点	篮球场

教学目标	一、技能方面： 每个孩子在本节课内完成运球动作 100 次，完成传接球动作 70 次，爬行动作 10 次 二、认知方面： 了解传接球技术的重要性，并能说出其动作要领 三、情感方面： 通过传接球练习体验合作的乐趣，能够完整跟完一节课，喜欢上篮球
教学重点	双手胸前击地传球技术
教学难点	双手胸前击地传球落点的把握，接球时手掌朝前

课前准备	时间分配
一、篮球 13 个 二、粉笔 2 支 三、标志桶 16 个	一、准备部分：2 分钟 二、开始部分：10 分钟 　　热身：10 分钟 三、基本部分：40 分钟 　　（一）运球 + 传球 30 分钟 　　（二）体能 10 分钟 四、结束部分：3 分钟 五、机动时间：5 分钟

教学内容	组织形式	备注
一、准备部分：2 分钟 1. 集合排队，放水杯，检查服装 2. 课程导入，破冰		1. 脚踩白线，间隔一臂 2. 注意力集中 3. 水杯放整齐

二、开始部分：10 分钟 （一）有氧跑动 4 分钟 1. 前进慢跑一来回 2. 后退跑一来回 3. 前进跑后退回 4. 小鸟飞、小飞机、大风车各一来回 5. 高抬腿跑一来回 6. 后踢腿一来回 （二）动态拉伸 2 分钟 1. 抱腿提膝一来回 2. 听口令摸脚尖（擦鞋） 3. 弓步走一次 4. 燕式平衡，开小飞机 （三）神经激活 2 分钟 1. 小熊爬行一次 2. 原地小碎步，听哨子加速跑 3. 背身原地小碎步，听哨子加速跑 （四）专项转化 2 分钟 照镜子游戏。模仿教练做动作：大力拍球、一步急停、投篮、传接球 喝水休息 1 分钟		1. 跑步跑直线，避免撞到一起 2. 跑步到边线转身时，停顿观察，确定安全再出发 3. 拉伸时速度要慢，动作要标准 4. 注意学生的间距 5. 强调教练吹哨后才可以出发 6. 多鼓励，可击掌。少说多做 7. 边跑边教
三、基本部分 40 分钟：球性运球；传球 （一）球性训练 10 分钟 1. 堆雪人游戏（单手滚球、左右拨球）4 个来回 2. 砸地鼠游戏（放球一次抓住），10 次为一组，做四组 3. 砸地鼠游戏（用力左右砸一次接住），10 次为一组，做四组 4. 单手用力砸地运球 10 次为一组 5. 行进间单手大力运球 10 次为一组，做四组 喝水休息 1 分钟		1. 注意到每个孩子的动态 2. 注意及时纠正小朋友的错误动作

（二）传接球练习 20 分钟 1. 单手地滚球追球接住，10 次 2. 双手地滚球追球接住，10 次 3. 抛球接球练习（抛炸弹） 4. 要球的沟通练习（球员随时准备好教练传球） 5. 传球徒手动作 6. 两个人面对面徒手传球练习，10 次为一组，做两组（传糖果） 7. 两个人面对面传接球，15 次为一组，做四组（传糖果） 8. 两人传球教练随机抢球（抢糖果游戏） 休息喝水 1 分钟 （三）体能游戏 10 分钟 1. 俯卧撑摸肩膀 15 次为一组，做两组 2. 俯卧撑摸屁股 15 次为一组，做两组 3. 俯卧支撑摸耳朵 15 次为一组，做两组 4. 小熊爬行一来回为一组，做两组 5. 小熊侧爬一来回为一组，做两组 6. 小熊后退爬一来回为一组，做两组		3. 给予孩子鼓励 4. 肢体语言要比较夸张 5. 详细讲解球性运球的基本动作，帮助球员建立正确的基本动作模式
四、结束部分：放松拉伸 3 分钟 （一）拉伸 1. 双腿直立伸直，手并拢向上举起 15 秒 2. 双腿分开两手分别摸两脚 15 秒 3. 两脚开立腿伸直手摸地 15 秒 4. 两腿并拢双手摸脚 15 秒 5. 站立，双腿交叉摸脚尖（每一边 15 秒） （二）总结 1. 集合，总结评价。表现好的提出表扬；表现稍差的给予鼓励 2. 集合加油，带回教室 3. 归还器材		注意孩子们放松动作的准确性，动作标准才能达到放松目的，有效缓解身体疲劳

	一、技术作业	二、体能作业
课后练习	（一）动作名称：原地体前变向 （二）动作要领： 1.准备姿势——屈髋屈膝，重心降低 2.开始姿势——手臂内收，手掌顺势拨指 3.结束姿势——球收于体侧口袋位置 （三）动作组数 / 次数： 男生，连续 30 次为一组，做四组 女生，连续 20 次为一组，做四组 （四）间歇时间：1 分钟	（一）动作名称：跪姿俯卧撑 （二）动作要领： 1.双脚间距比肩宽 2.上半身保持稳定 （三）动作组数 / 次数： 男生，15 个为一组，做三组 女生，10 个为一组，做三组 （四）间歇时间：1 分钟
课后反思		